Texte, Themen und Strukturen

Vertiefungsfach Deutsch

Einführungsphase gymnasiale Oberstufe
Nordrhein-Westfalen

Lösungen

1 Lesestrategien nutzen – Sachtextanalyse

1.3 Ein Sachtext verstehen und erörtern

→ S. 9

3 zum Beispiel:
In diesem Text geht es um die Frage, ob es sinnvoll ist, jugendliche Straftäter härter zu bestrafen.

4 *In diesem Text spricht die Autorin, Christine Holch, direkt zu ihren Lesern.*

5 zum Beispiel:
- *Wer sind die jugendlichen Straftäter? Welchen sozialen Hintergrund haben sie?*
- *Warum begehen Jugendliche Straftaten?*
- *Können härtere Strafen Jugendlichen helfen?*
- *Welche Hilfsangebote für Jugendliche gibt es neben dem Strafvollzug?*

6 zum Beispiel:
Christine Holch: Die Kleinen vorneweg

BREMEN. – Achmed ist ein kleiner, fünfzehnjähriger Pummel. Die Leute nennen ihn gern „niedlich". Bis sie ihn näher kennen lernen: Wer ihn beim Stehlen stellt und festhält, muss schon mit einem Kopfstoß gegen die Vorderzähne rechnen. Er gilt bei der Polizei als gewalttätig, aber zugleich als anlehnungsbedürftig. Nachmittags trifft sich Achmed mit rund dreißig anderen Jungs in Bremens Einkaufsmeile, der Obernstraße. Dann gehen sie „spazieren": Sie stürmen in Zeitungsläden und Boutiquen, einer lenkt den Verkäufer ab, ein anderer schnappt sich derweil die Kasse. Meist werden die Kleinen vorgeschickt, die unter vierzehn, weil sie noch strafunmündig sind. Bleibt der Verkäufer unbeirrt bei der Kasse stehen, zünden sie schon mal einen Zeitungsständer an. Hinterher schmeißen die Jungs ein Essen bei McDonald's für die ganze Gang, fahren mit dem Taxi ins niedersächsische Umland oder kaufen sich teure „Raiders"-Jacken.

Die Polizei kennt das Problem seit 1989, als Achmed und die anderen Jungs mit ihren Familien aus Beirut nach Deutschland flohen. Sie sind Kurden, vor Jahrzehnten aus Syrien illegal in den Libanon eingereist. Dort haben sie sich ohne Arbeitserlaubnis als Tagelöhner und Händler durchgeschlagen.

Was der Krieg mit den Kindern gemacht hat, weiß niemand. In Bremen schwänzen sie oft die Schule und stromern durch die Stadt. Dann führt der Schulermittlungsdienst lange Gespräche mit den Eltern. Ansonsten hat die Polizei mit den Jungs zu tun, meist folgenlos: Die Delinquenten sind in der Regel zu jung, als dass man sie gerichtlich belangen könnte.

Unlängst platzte den Bremer Geschäftsleuten der Kragen: Sie wandten sich hilfesuchend an den Innensenator. Prompt titelte die Lokalzeitung *Weserkurier*: „Jugendbanden terrorisieren Innenstadt-Geschäfte". In einem Interview fragte sie den Senator, ob nicht „Heranwachsende, die mehrfach straffällig geworden sind, ausgewiesen werden können". Selbst ein Leser der lokalen *taz*-Ausgabe wünschte sich, dass „diese Kids einmal kräftig eins auf die Hörner kriegen".

Der liberale Innensenator Friedrich van Nispen gibt den Druck weiter: Eine neu eingerichtete „Ermittlungsgruppe Intensivtäter" stellt per Computer eine Liste von besonders häufig verdächtigten Jugendlichen zusammen. Die Streifenpolizisten greifen sie in der Innenstadt auf und bringen die Halbwüchsigen einen nach dem anderen vor den Richtertisch. Die Staatsanwälte beantragen regelmäßig Untersuchungshaft. Sie berufen sich dabei auf die prallvollen Mappen mit Verdächtigungen, die ihnen die „Ermittlungsgruppe Intensivtäter" liefert. „Die Staatsanwaltschaft steht unter politischem Druck, die Sache mit den Kurden zu beenden", klagt ein Jugendrichter.

Das SPD-geführte Sozialressort duckt sich währenddessen. „Das ist keine von unseren Pflichtaufgaben", heißt es; die kurdischen Familien seien nicht als Asylbewerber anerkannt, nur geduldet. Das Kinder- und Jugendhilfegesetz verbiete jedoch eine Einzelfallbetreuung von Menschen, die nur geduldet sind.

Geld habe man ohnehin nicht, im Gegenteil: Die 60 festen Mitarbeiter der ambulanten Jugendhilfe müssten demnächst auf 45 reduziert werden. „Wenn wir hier tätig werden sollen, muss das politisch gewollt sein", heißt es unter der Hand. Schließlich will man sich nicht vom gestrengen Finanzsenator „Luxusförderung" vorwerfen lassen. Der hat dem Ampelsenat gerade mal wieder Nachsitzen beim Sparen verordnet.
Mancher findet die Aufregung ohnehin übertrieben. „Das Thema ist doch in der Öffentlichkeit hochgekocht", sagt ein Referent im Sozialressort, „Kinder- und Jugendbanden hat es immer gegeben". Überhaupt sei das keine professionelle kriminelle Bande, sondern eine lose Jugendclique, die eben „mal Scheiße baut". Kriminalität bei männlichen Jugendlichen sei normal und gehe vorüber.
Jugendrichter Ernst von Schönfeldt ärgert sich besonders über das plötzliche Strafbedürfnis der Öffentlichkeit: „Soll ich Kinder in U-Haft sperren, wo schwere Jungs sitzen, wo es Drogen gibt? Wir sind doch nicht der Büttel für jahrelang versäumte Sozialarbeit." Eigentlich vermeide man Haft für Vierzehn- bis Sechzehnjährige, wenn irgend möglich. Der Geschäftsführer von coop, der mehr Schaden angerichtet habe als alle Diebe Deutschlands in einem Jahr, bekomme zwei Jahre auf Bewährung – kurdische Kinder aber solle er einsperren.
Ganz abgesehen davon, dass Haft oder Heimunterbringung zu den teuersten Maßnahmen überhaupt zählen: Die Haft ist im Jugendstrafrecht nur dann vorgesehen, wenn alle anderen Maßnahmen, zum Beispiel soziale Trainingskurse oder ein amtlicher Erziehungsbeistand, versagt haben.
All dies aber hat man noch gar nicht probiert.

7 zum Beispiel:
- *Achmed, gewalttätiger Junge*
- *30 Jugendliche überfallen Läden in Bremer Innenstadt*
- *Kurden aus Beirut, polizeilich seit 1989 bekannt; zu jung, um gerichtlich belangbar zu sein; Kriegserlebnisse der Kinder unbekannt*
- *Bremer Geschäftsleute, Lokalzeitung und taz-Leser fordern härtere Strafen; Ausweisung*
- *„Ermittlungsgruppe Intensivtäter" setzt Staatsanwaltschaft unter Druck*
- *Sozialressort nicht zuständig; beklagt Mitarbeitermangel und Geldnot*
- *Referent im Sozialressort hält Aufregung für übertrieben*
- *Jugendrichter verweist auf Folgen härterer Strafen; Kontakt zu Schwerverbrechern, Drogen; Unverhältnismäßigkeit; Haft teurer als soziale Trainingsmaßnahmen und Erziehungsbeistand*
- *Autorin resümiert: Alternativen zum Strafvollzug noch nicht ausprobiert*

→ S.10
8 zum Beispiel:

Bedienungsanleitung:	A	Anklageschrift:	B
Antrag:	B	Literaturgeschichte:	A
Biografie:	A	Kommentar:	B

9 zum Beispiel:
Mit dem Text verfolgt die Autorin die Absicht, *ihre Leserinnen und Leser anhand eines konkreten Beispiels über verschiedene Positionen zu der Frage zu informieren, wie man mit jugendlichen Straftätern umgehen soll. Dabei macht die Autorin – wie man Wortwahl, zentralen Aussagen und Schlusssatz entnehmen kann – aber auch keinen Hehl aus ihrer Meinung, dass Gefängnisstrafen unangebracht sind, soziale Trainingsprogramme hingegen sinnvoll. Insofern ist der Text auch meinungsbildend.*

→ S.11
10 zum Beispiel:

	Haft	Jugendhilfe
pro	– *Ladenbesitzer schützen, Terror beenden* – *abschrecken*	– *größere Erfolgschance als Haft*
kontra	– *teuerste Maßnahme* – *unverhältnismäßig* – *Kontakt zu Schwerverbrechern, Drogenkonsum* – *soziale Trainingsprogramme, amtliche Erziehungshilfe sinnvoller*	– *keine Zuständigkeit bei nur „geduldeten" Jugendlichen* – *nicht hart genug*

→ S. 12

12 zum Beispiel:
Ich vertrete die Ansicht, dass Jugendliche und Erwachsene vor Gericht unterschiedlich behandelt werden sollten. Das sollte grundsätzlich so sein. Ich befürworte damit die gegenwärtige Gesetzeslage.

13 zum Beispiel:
Als Begründung für diesen Standpunkt lässt sich anführen, dass
- *Jugendliche ja auch nicht alle Rechte haben, die Erwachsenen zustehen,*
- *die moralische Entwicklung bei Jugendlichen noch nicht abgeschlossen ist,*
- *Jugendliche – besonders in Gruppen – oft sehr spontan handeln und die Konsequenzen ihres Handelns dann nicht überblicken.*

14 Hinweis: Oft wird von Ihnen erwartet, dass Sie in Ihrer Argumentation auch Gegenargumente und -beispiele berücksichtigen. Dann sollten Sie die zweite oder dritte Option wählen. Eine Stellungnahme, die Positionen im Block darstellt, ist leichter zu verfassen als eine Argumentation mit fortlaufender Antithetik. In schulischen Klausuren wird die Formulierung von Positionen im Block in der Regel als fachgerecht akzeptiert.

→ S. 13

15 zum Beispiel:
***These:** Kinder und Jugendliche sollten vor Gericht statt Strafen Erziehungshilfen verordnet bekommen.*

Pro-Argumente:
- *noch erziehbar*
- *könnten im Gefängnis Schaden nehmen*
- *Jugendliche können leichter entkriminalisiert werden.*
- *Es ist besser, Jugendliche in neue Cliquen zu integrieren.*
- *...*

Kontra-Argumente
- *geringere Abschreckung*
- *Wiederholungsgefahr*
- *Jugendliche wollen auch in anderen Bereichen Verantwortung übernehmen.*

(Beispiele können aus dem lokalen Umfeld genommen oder der aktuellen Berichterstattung der Medien entnommen werden.)

→ S. 14

16 zum Beispiel:
Mögliche Lösung zur These *„Jugendliche und Erwachsene sollten vor Gericht unterschiedlich behandelt werden"* (vgl. S. 12, Aufgabe 12):

Unumstritten ist eine solche Forderung sicherlich nicht. Eingewendet werden könnte z. B., dass *die Abschreckung nicht groß genug ist, wenn Jugendliche vor Gericht mildere Strafen erhalten als Erwachsene,* und dass außerdem *eine Wiederholungsgefahr besteht, wenn Jugendliche eine vom Richter verhängte Strafe gar nicht „spüren"*. Auch ist zu bedenken, dass *Kinder und Jugendliche in vielen Lebensbereichen Rechte beanspruchen und Verantwortung übernehmen wollen. Dann ergibt sich natürlich die Frage, ob sie nicht auch vor Gericht wie Erwachsene behandelt werden sollten.* Gerade Kinder, *die Konsequenzen ihres Handelns erfahren sollten, müssten auch Strafen zu spüren bekommen.*

Dem steht jedoch die berechtigte Erwartung gegenüber, dass *Kinder und Jugendliche noch erziehbar sind; daher sollten eher Erziehungsmaßnahmen eingeleitet als Gefängnisstrafen verhängt werden, wie sie für Erwachsene üblich sind. Zu bedenken ist auch, dass Jugendliche Straftaten oft spontan in Cliquen begehen und dabei die Tragweite ihres Handelns nicht überschauen.* Hinzu kommt, dass *Kinder und Jugendliche bei Gefängnisstrafen, wie sie für Erwachsene verhängt werden, in Strafanstalten mit vielen Kriminellen zusammenkämen, sodass sie über längere Zeit negativ beeinflusst werden könnten. Man darf also nicht aus dem Auge verlieren, dass Kinder und Jugendliche durch „Wegsperren" in einem Gefängnis weiter kriminalisiert werden. Das für mich wichtigste Argument gegen eine Gefängnisstrafe für Jugendliche nach Erwachsenenstrafrecht ist, dass das Verhalten Jugendlicher außerhalb von Strafanstalten viel eher positiv beeinflusst werden kann, indem man sie auf Zeit in einer pädagogischen Einrichtung in eine neue Clique integriert.*

Die Erörterung der strittigen Frage, ob Kinder und Jugendliche vor Gericht statt Strafen Erziehungshilfen verordnet bekommen sollten, hat ergeben, dass Erziehungshilfen wirksamer und daher sinnvoller sind.

→ S.15

17 *Der Argumentation auf S. 14 liegt das Modell „Dialektischer Aufbau" zu Grunde.*

→ S.16

18 zum Beispiel:

Christine Holch: Die Kleinen vorneweg

Erörterungsaufsatz

1 Einleitung
1.1 Einleitungssatz (Nennung von Autor/in, Titel und Thema des vorgelegten Textes)
1.2 Hinführung zum Problem (z. B. über einige Leitfragen zum vorgelegten Text)
2 Wiedergabe des Textes
2.1 Problemstellung
2.2 Positionen (Thesen) zum Problem
2.3 Aufbau der Argumentation im Text
3 Eigene Position
3.1 These 1: *Kinder bzw. Jugendliche sind in einem anderen persönlichen Entwicklungsstadium als Erwachsene und können daher mit diesen rechtlich nicht gleichgestellt werden.*
3.1.1 Kontra-Argumente und Beispiele:
3.1.1.1 *Kinder und Jugendliche beanspruchen bereits viele Rechte und müssen daher auch im rechtlichen Sinne Verantwortung übernehmen. (Beispiel aus dem eigenen Erfahrungsbereich)*
3.1.1.2 *Wenn Kinder und Jugendliche wissen, dass man sie rechtlich nicht belangen kann, nutzen sie diese Situation aus. (Beispiel aus dem eigenen Erfahrungsbereich oder dem Text auf S. 8 f.)*
3.1.2 Pro-Argumente und Beispiele:
3.1.2.1 *Kinder und Jugendliche begehen Straftaten oft spontan in Gruppen und überschauen die Konsequenzen ihres Handelns nicht; sie sind daher nicht wie Erwachsene zu behandeln. (Beispiel aus dem eigenen Erfahrungsbereich)*
3.1.2.2 *Kinder und Jugendliche sind noch erziehbar; in Gefängnissen würden sie nur weiter kriminalisiert, also in die völlig falsche Richtung „erzogen".*
3.2 These 2: *Kinder und Jugendliche sollten vor Gericht statt Strafen Erziehungshilfen verordnet bekommen.*
3.2.1 Kontra-Argumente und Beispiele:
3.2.1.1 *Bei milder oder ausbleibender Strafe besteht Wiederholungsgefahr. (Beispiel aus dem eigenen Erfahrungsbereich oder dem Text auf S. 8 f.)*
3.2.1.2 *Wenn Kinder und Jugendliche keine Grenzen gesetzt bekommen und bei Grenzüberschreitungen keine deutlichen Konsequenzen spüren, gibt es weitere Fehlentwicklungen. (Beispiel aus dem eigenen Erfahrungsbereich oder dem Text auf S. 8 f.)*
3.2.2 Pro-Argumente und Beispiele:
3.2.2.1 *Kinder und Jugendliche müssen in Bewährungssituationen ein moralisches und rechtliches Urteilsvermögen erst noch entwickeln und festigen können. (Beispiel aus dem eigenen Erfahrungsbereich)*
3.2.2.2 *In pädagogischen Einrichtungen können Kinder Anschluss an neue Cliquen finden und so eine weitere Entwicklungschance bekommen. (Beispiel aus den Medien)*
4 Fazit: *Jugendliche und Erwachsene sollten vor Gericht unterschiedlich behandelt werden.*

19 Bei der Zusammenstellung eines Aufsatzes, der die beiden Aufgaben auf S. 8 löst, können Sie auf die folgenden Vorarbeiten zurückgreifen:

Zur Gestaltung der Einleitung:

Einleitungssatz	→ Lösungen zu Aufg. 3 und 4 auf S. 9
Hinführung zum Problem (Leitfragen)	→ Lösung zu Aufg. 5 auf S. 9

Zur Lösung der Aufgabe 1 (Wiedergabe des Textes):

Problemstellung / Intention	→ Hier kann die in Aufg. 2 auf S. 8 genannte Problemstellung verwendet werden. Zur Intention: Lösung zu Aufg. 9 auf S. 10
Positionen	→ Lösungen zu Aufg. 10 auf S. 11
Aufbau des Textes	→ Lösung zu Aufg. 6 und 7 auf S. 9

Zur Lösung der Aufgabe 2 (Erörterung):	→ Lösung zu Aufg. 18 auf S. 16 (zwei Thesen) oder Aufg. 16 auf S. 14 (eine These)

2 Poetische Texte verstehen – Lyrik und Prosa

2.1 Lyrik verstehen

→ S. 18

5 zum Beispiel:
Ein lyrisches Ich spricht in einer Reihe von Bildern von seiner Beziehung. Auffällig ist dabei, dass das lyrische Ich den Konjunktiv wählt und dass die Bilder zum Ende hin aggressiv und feindselig wirken.

6 zum Beispiel:
Es geht um den Umgang zweier Liebender miteinander.

→ S. 19

7 zum Beispiel:
Wenn etwas bildlich gesprochen ist, dann bedeutet das, dass etwas Bestimmtes nicht direkt und unmittelbar an- oder ausgesprochen wird, sondern mit Hilfe eines sprachlichen Bildes, z. B. einer Metapher, umschrieben wird.

8 *Der Konjunktiv verdeutlicht, dass die Bilder aus der Natur für etwas anderes stehen.*

9 *Das Wort „Nixe“ (V. 9) weist darauf hin, dass das lyrische Ich weiblich ist.*

10 **a** *Die handlungsbestimmenden Verben sind dem lyrischen Ich zugeordnet.*
b *Die Zuordnung der handlungsbestimmenden Verben lässt den Schluss zu, dass das lyrische Ich der aktivere Part in der Beziehung ist.*

→ S. 20

11 zum Beispiel:

Bildebene:	Wär ich ein Baum ich wüchse / dir in die hohle Hand
Bedeutung:	Von dir würde ich mich beschützen lassen, denn dir vertraue ich.
Bildebene:	und wärst du das Meer ich baute / dir weiße Burgen aus Sand.
Bedeutung:	*Dir würde ich mich ganz hingeben.*
Bildebene:	Wärst du eine Blume ich grübe / dich mit allen Wurzeln aus
Bedeutung:	*Ich würde dich gerne ganz in Besitz nehmen.*
Bildebene:	wär ich ein Feuer ich legte / in sanfte Asche dein Haus.
Bedeutung:	*Ich würde dich gerne von mir abhängig machen.*
Bildebene:	Wär ich eine Nixe ich saugte / dich auf den Grund herab
Bedeutung:	*Ich würde dich auch dazu zwingen, bei mir zu sein.*
Bildebene:	und wärst du ein Stern ich knallte / dich vom Himmel ab.
Bedeutung:	*Sogar vor Gewalt würde ich nicht zurückschrecken.*

13 *Die Bilder werden zunehmend negativer. Zunächst drücken sie ein Harmoniebedürfnis aus, dann werden sie immer konfrontativer.*

14 zum Beispiel:

1. Strophe:	*Liebe*
2. Strophe:	*Besitzansprüche*
3. Strophe:	*Konfrontation*

→ S. 21

15

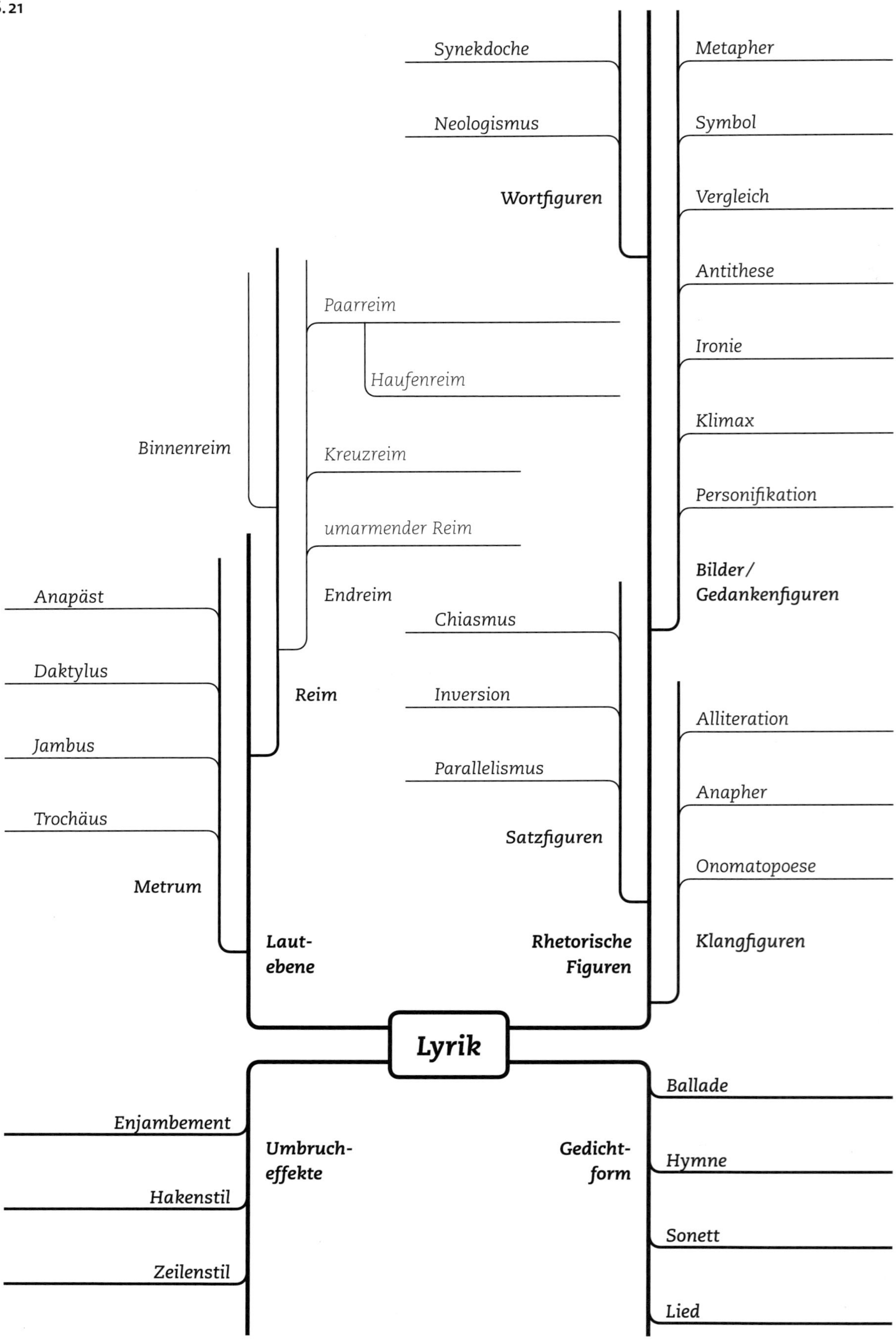
Lyrik
Laut-ebene
Metrum
Anapäst
Daktylus
Jambus
Trochäus
Reim
Binnenreim
Endreim
Paarreim
Haufenreim
Kreuzreim
umarmender Reim
Rhetorische Figuren
Wortfiguren
Synekdoche
Neologismus
Satzfiguren
Chiasmus
Inversion
Parallelismus
Bilder/ Gedankenfiguren
Metapher
Symbol
Vergleich
Antithese
Ironie
Klimax
Personifikation
Klangfiguren
Alliteration
Anapher
Onomatopoese
Umbruch-effekte
Enjambement
Hakenstil
Zeilenstil
Gedicht-form
Ballade
Hymne
Sonett
Lied

→ S. 23

17 **a** zum Beispiel:
- *Das Gedicht handelt von der Entwicklung einer Liebesbeziehung.*
- *Die Liebesbeziehung ist zunächst harmonisch, scheitert dann aber an den Besitzansprüchen des lyrisch Ichs.*
- *Das lyrische Ich hat sich von seinem Partner innerlich distanziert.*
- *Das lyrische Ich war der aktivere, eventuell auch leidendere Part in der Beziehung.*

b zum Beispiel:
- *Jede der drei Strophen lässt sich als eine Station in der Entwicklung der Liebe lesen.*
- *Metaphern und Konjunktive lassen sich als Distanzsignale verstehen.*
- *Alle handlungsbestimmenden Verben sind dem lyrischen Ich zugeordnet.*
- *Die Wortwahl, anfangs poetisch, wird am Ende drastisch und feindselig.*

c zum Beispiel:
- *Das lyrische Ich schildert die Stationen einer Liebesbeziehung, die am Ende scheitert. Jede der drei Strophen steht dabei für eine Stufe in der Negativentwicklung der Beziehung. Auf die anfängliche Harmonie folgt in der zweiten Strophe eine Zeit der Ansprüche und des Besitzdenkens und schließlich in der letzten Strophe die aggressive Konfrontation mit dem Partner.*
- *Das lyrische Ich hat sich innerlich von seinem Partner bereits distanziert oder ist so verletzt, dass es seinen Partner nicht direkt ansprechen kann. Um dennoch kommunizieren zu können, spricht es indirekt, in Bildern, die es aus der Natur entlehnt.*
- *Die sukzessive Verschlechterung der Beziehung spiegelt sich in der Entwicklung der Bilder und in der Stilebene. Bedient sich das lyrische Ich zu Beginn noch einer gehobenen und sehr poetischen Sprache, so passen die poetischen Bilder aus der Natur und die drastische, umgangssprachliche Wortwahl am Ende nicht mehr zusammen.*

18 zum Beispiel:

zu **a:** *Das lyrische Ich vergleicht sich mit einem jungen schutzbedürftigen Baum (V. 1), der im Schutz des Geliebten, in dessen „hohler Hand" (V. 2), leben will.*

zu **b:** *Mit Beginn der zweiten Strophe verändert sich das Verhältnis. Das lyrische Ich kann die Grenzen zwischen sich und seinem Partner nicht akzeptieren, es will ihn ganz besitzen. Die Verse „Wärst du eine Blume ich grübe / dich mit allen Wurzeln aus" (V. 5 f.) verdeutlichen das anhand eines Bildes.*

zu **c:** *Die beiden letzten Verse warten mit einem drastischen Gegensatz auf. Die „romantischen" Vokabeln „Himmel" (V. 12) und „Stern" (V. 11) werden mit der Aussage „ich knallte dich … ab" (V. 11 f.) verbunden.*

2.2 Über Lyrik schreiben

→ S. 24

1 zum Beispiel:

In der ersten Strophe schildert *das lyrische Ich eine harmonische Liebesbeziehung zu einem Partner. Es vertraut seinem Partner und ist bereit, sich ihm ganz hinzugeben.*
Im Vergleich mit der ersten Strophe vermittelt die zweite den Eindruck, dass sich *das Verhältnis geändert hat. Die freiwillige Hingabe weicht Forderungen und Ansprüchen des lyrischen Ichs, das seinen Partner vereinnahmen will.*
In der dritten Strophe schließlich *dominieren Bilder der Konfrontation, die den Schluss nahelegen, dass die Beziehung gescheitert ist.*

→ S. 25

3 zum Beispiel:

Ein weibliches lyrisches Ich berichtet von der negativen Entwicklung einer Liebesbeziehung. Die ursprüngliche Vertrautheit und Bereitschaft, sich ganz hinzugeben, weicht dabei zunächst Ansprüchen und Forderungen, um schließlich in Hass und Aggression umzuschlagen.
Diese Entwicklung der Beziehung spiegelt sich im Aufbau des Gedichts.
Jede der drei Strophen schildert anhand von Bildern aus der Natur eine Station in der Liebe des lyrischen Ichs.

Das lyrische Ich ist verletzt worden und distanziert sich von seinem Partner.
Verschiedene formale Hinweise stützen diese These.
Das lyrische Ich spricht seinen Partner nicht direkt an, sondern nur indirekt, über den Umweg von Bildern, die es aus dem Bereich der Natur entlehnt. Auch der Konjunktiv lässt sich als ein solches Distanzierungssignal lesen.

Das angesprochene Du hat sich in der Beziehung weniger engagiert als das lyrische Ich.
Diese Behauptung lässt sich mit Hilfe der folgenden Beobachtung belegen.
Alle handlungsbestimmenden Verben sind dem lyrischen Ich zugeordnet. Das lyrische Ich erscheint dadurch als der aktive Part in der Beziehung.

→ S. 26

4 zum Beispiel:
In dem Gedicht „Bildlich gesprochen“ von Ulla Hahn *erzählt* das lyrische Ich im Rückblick von seiner Beziehung zu einem Partner. Während das lyrische Ich am Anfang sein Vertrauen und seine Hingabe zu diesem Partner *betont*, *stellt* es in der zweiten Strophe *fest*, dass die Beziehung sich verändert hat. Es *berichtet* nun von Besitzansprüchen. Die Bilder der dritten Strophe *verweisen* auf Gefühle wie Aggression und Hass. Welche Ereignisse im Einzelnen zur Verschlechterung der Beziehung geführt haben, *erklärt* das lyrische Ich nicht.
Was die Autorin mit diesem Gedicht *zum Ausdruck bringen* will, lässt sich nicht mit letzter Bestimmheit sagen. Möglicherweise will sie *aufzeigen*, aus welchen Gründen viele Liebesbeziehungen scheitern.

→ S. 27

5
1 Die Sätze sind *vollständig*.
2 Die Aussage des Gedichts ist nicht *eindeutig*.
3 Die Autorin hat eine Reihe von Bildern *aneinandergefügt*.
4 Das Sprechen in Bildern erschwert die *Sinnentnahme*.
5 Der Leser *versteht* die Aussage erst nach
6 mehrmaliger Lektüre *genauer*.
7 Diese Aussage wird durch formale Aspekte *verdeutlicht*.
8 Die Beziehung, von der hier *die Rede ist*, nimmt kein gutes Ende.

2.3 Eine Parabel verstehen und darüber schreiben

→ S. 29

3 Mögliche Assoziationen:
Herrscher – *Macht, Diktator, Anweisung, Befehl*
Untertan – *Furcht, Erwartung, Gehorsam*
Information – *indirekt, altertümlich, Mitteilung, wichtig*

5 zum Beispiel:
Fragen: *Wie lautet die Botschaft? Für wen könnte die Figur des Kaisers stehen, für wen das „Du“? Wieso wird die Geschichte mit der Wendung „so heißt es“ eingeleitet? Wie kann das „Du“ sich die Botschaft „erträumen“?*
Textaussage / Interpretationshypothese: *In der Parabel geht es um die Unmöglichkeit von Kommunikation.*

→ S. 30

6 zum Beispiel:
Zeilen 1 bis 5: *Der sterbende Kaiser sendet dir eine Botschaft.*
Zeilen 6 bis 15: *Der Bote wird unterrichtet.*
Zeilen 15 bis 21: *Der Bote ist auf dem Weg.*
Zeilen 22 bis 40: *Der Bote kommt nicht voran.*
Zeilen 40 bis 42: *Du erträumst dir die Botschaft.*

7 Ein sterbender Kaiser trägt einem Boten vor den Augen des versammelten Hofstaats eine Botschaft für einen an den Rand des Reiches geflüchteten Untertan auf, doch der Bote kommt in der unendlichen Weite des kaiserlichen Palastes und Reiches kaum voran, sodass er wohl niemals seine Botschaft an den Untertan überbringen wird, der sich diese stattdessen in einem Traum vorstellt.

8

	Bildebene	Sachebene
Ausgangssituation	Kaiser todkrank; sendet Botschaft	Kommunikation einer wichtigen Nachricht; Zeit drängt
Figurenkonstellation (Verhältnis der Figuren zueinander)	mächtiger Herrscher, „jämmerlicher" Untertan	großes Machtgefälle zwischen den Kommunizierenden
Handlungsverlauf	*„dass er sich sie noch ins Ohr wiedersagen ließ" (Z. 8)* *„vor der ganzen Zuschauerschaft seines Todes" (Z. 10 f.)* *„findet er Widerstand, zeigt er auf die Brust, wo das Zeichen der Sonne ist" (Z. 18 f.)* *„wie nutzlos müht er sich ab" (Z. 25)* *„und so weiter durch Jahrtausende" (Z. 33)*	*große Bedeutung der Botschaft und ihrer wahrheitsgetreuen Überbringung für den Kaiser* *Kontrast zur Einsamkeit des „Du" am Fenster* *Macht des Kaisers ist selbst in seinem Symbol noch groß* *Kontrast zur zunächst betonten Kraft und Ausdauer des Boten* *Übertreibung macht Sinnlosigkeit des Unterfangens deutlich*
Schlusssituation	*„Du aber sitzt an deinem Fenster und erträumst sie dir." (Z. 38 f.)*	*Der Angesprochene erwartet/erhofft sich die Botschaft.*
Raum/Zeit	*„Den Boten hat er am Bett niederknien lassen …" (Z. 5 f.)* *„… und wieder Treppen und Höfe; und wieder ein Palast; und so weiter durch Jahrtausende …" (Z. 32 f.)*	*Der Kaiser übt noch im Sterben seine Macht aus.* *Demonstration der kaiserlichen Macht – die Macht ist allgegenwärtig – jetzt und auch in der Zukunft*
Erzähler	*„Der Kaiser – so heißt es – hat dir …" (Z. 1)*	*auktorialer Erzähler*

→ S. 31

9 Kafkas Parabel handelt von einer gestörten/erschwerten Kommunikationssituation, die durch ein großes hierarchisches Gefälle und durch ein unterschwellig angedeutetes Gefühl von Angst und Erwartung bei einem der Kommunizierenden bestimmt ist.

10

Bildebene	Sachebene	
Symbol	**Deutung innerhalb der Handlung**	**mögliche konkrete Entsprechung**
Kaiser	– mächtige, aber geschwächte Person *politische Instanz* – *Zentrum der Welt/einer Gesellschaft/einer Institution* – *Autorität* – *Herrscher, der in (zu) großer Distanz zu seinen Untertanen lebt*	– Regierender, der seine Macht verliert? der Autor? (s. S. 33) – Gott? Die Kirche? – *autoritäre, geliebte Person: Vater? Lehrer?* – *entfremdete Person?*
Untertan	– *machtlose, tatsächlich oder im bildlichen Sinne vom „Kaiser" entfernte/geflohene Person, die auf Kommunikation wartet („sitzt an deinem Fenster")* – *realitätsfremd („träumst sie dir")* – *Person in einer Randposition, weit weg vom Zentrum* – *Hoffender/Erwartender*	– machtloser Einzelner im Staat? – der Leser? → *direkte Anrede im Schlusssatz; Gläubiger? Gottsuchender? Autor?* – *Sinnsuchender?* – *entfremdeter moderner Mensch?* – *die Hoffnung nicht aufgeben?*
Botschaft	– *Anweisung* – *Rat* – *Lob/Tadel*	– *Demonstration der Macht?* – *Antwort auf zentrale Frage? religiöse Offenbarung?* – *Anerkennung/Wahrnehmung durch den Höhergestellten?*

Bote	– *Übermittlungsmedium* – *Diener des Staates* – *Scheiternder*	– *Text? Sprache?* – *religiöser Vermittler: Priester, Kirche?* – *Autor?*

→ S.32

11

Aspekt	**Textverweis**	**Deutung**
Kontraste zwischen Kaiser und Angesprochenem	*„Der Kaiser" (Z. 1), „kaiserliche Sonne" (Z. 3)* ↕ *„Einzelner" (Z. 1), „jämmerlicher Untertan" (Z. 2), „in die fernste Ferne geflüchteter Schatten" (Z. 3 f.)*	*Betonung und Differenzierung des Machtgefälles, gleichzeitig angedeutete Charakterisierung des Untertanen*
Kontraste *(weitere) Figur des Boten – Unmöglichkeit seiner Mission*	*„ein kräftiger, ein unermüdlicher Mann" (Z. 16)* ↕ *„wie nutzlos müht er sich ab" (Z. 25)*	*Hervorhebung der Sinnlosigkeit des Unterfangens, positive Darstellung der Figur des Boten in ihrem Bemühen*
Satzbau: *hypotaktisch mit vielen Einfügungen*	*durchgehend*	*spiegelt den „endlosen", mit Widerständen besetzten Weg der Botschaft wider; alptraumhaftes Element der ständigen Verzögerung*
Stil: *hyperbolisch* *detailliert*	*„winzig" (Z. 2); „fernste Ferne" (Z. 3); „nehmen kein Ende" (Z. 21 f.); „wie würde er fliegen" (Z. 22 f.); „niemals wird er sie überwinden" (Z. 27); „und gelänge ihm dies, nichts wäre gewonnen" (Z. 29 f.); „durch Jahrtausende" (Z. 35); „den Arm vorstreckend" (Z. 17); „das Zeichen der Sonne" (Z. 19); „Gemächer [...] Treppen [...] Höfe" (Z. 26 ff.)*	*betont die Aussichtslosigkeit des Unterfangens und die Distanz zwischen den Kommunikationspartnern; schafft irreale, traumartige Atmosphäre* *veranschaulicht den langwierigen Weg des Boten; Formulierungen lassen den Leser nach tieferer Bedeutung suchen*
Alliterationen	*„fernste Ferne" (Z. 3); „freies Feld" (Z. 22)*	*lyrischer Ton*
Erzählperspektive	*auktorialer Erzähler* *passagenweise in der ungewöhnlichen zweiten Person Singular*	*überschaut die Weite der Distanz zwischen den Handlungsorten, enthält dem Leser die entscheidende Information (Inhalt der Botschaft) vor* *Leser fühlt sich angesprochen, dadurch entsteht selbstreflexiver Charakter: eine Deutung des Textes als Parabel über das Lesen wird nahegelegt*
Adjektive	*„jämmerlichen" (Z. 2); „winzig" (Z. 2); „weit" (Z. 12); „hoch" (Z. 14); „kräftiger" (Z. 16); „unermüdlicher" (Z. 16); groß" (Z. 21); „freies" (Z. 22); „innersten" (Z. 26); „äußersten" (Z. 34)*	*erzeugen räumlichen Eindruck der Distanz, dienen der kontrastiven Charakterisierung*
Wiederholungen	*„fernste Ferne" (Z. 3); „niemals, niemals" (Z. 35)*	*verdeutlichen die Hoffnungslosigkeit des Unterfangens, tragen zur alptraumhaften Atmosphäre bei*

Metaphern	*„kaiserlichen Sonne" (Z. 3);* *„Schatten" (Z. 4);* *„Bodensatzes" (Z. 38)*	*positiv konnotierter Begriff, Betonung der für den Text zentralen Kontrastierung Zentrum und Rand, gleichzeitig Kontrast zu den Untertanen als „Schatten" bzw. „Bodensatz"*
	„kämpfen" (Z. 29); *„durchmessen" (Z. 30 f.)*	*Betonung der Beschwerlichkeit und Weite des Wegs*

→ S. 33

12

Verhalten / Gefühle	Verhältnis zu	Verhalten
Furcht *Sprachlosigkeit* *Verwirrung*	Franz Kafka —*unterlegen*→ Vater Franz Kafka ←*beherrschend*— Vater	*fragend/* *Kommunikation suchend* *Angst einflößend*

→ S. 34

13

Elemente der Parabel (Bildebene)	Bezug zur Beziehung Kafka – Vater	allgemeine Bedeutung
Kaiser	*Vater*	mächtige, aber isolierte Person, deren Tod droht
Untertan	Kafka	*aus Angst vor dem als Furcht einflößend erlebten Kommunikationspartner Geflohener; einen Kommunikationsversuch erhoffend und sich dessen Inhalt vorstellend*
Machtverhältnis Kaiser – Untertan	*Machtverhältnis Vater – Sohn*	*Bedeutung und Auswirkungen von Machtverhältnissen in der Kommunikation*
Botschaft	*vom Sohn erhoffte bedeutsame Zuwendung des Vaters*	*Kommunikation als Form der Beachtung/ Zuwendung*
Weg des Boten	*emotionale Distanz zwischen Vater und Sohn*	*hoffnungslos groß erscheinende Distanz zwischen Kommunikationspartnern*

14 zum Beispiel:

Franz Kafkas Parabel „Eine kaiserliche Botschaft" aus dem Jahr 1919 handelt von einer gestörten/erschwerten Kommunikationssituation, die durch ein großes hierarchisches Gefälle und durch ein unterschwellig angedeutetes Gefühl von Angst und Erwartung bei einem der Kommunizierenden bestimmt ist.

Ein sterbender Kaiser trägt einem Boten vor den Augen des versammelten Hofstaats eine Botschaft für einen an den Rand des Reiches geflüchteten Untertan auf, doch der Bote kommt in der unendlichen Weite des kaiserlichen Palastes und Reiches kaum voran, sodass er wohl niemals seine Botschaft an den Untertan überbringen wird, der sich diese stattdessen in einem Traum vorstellt.

Auffällig in Kafkas Parabel ist die Kontrastierung der Figur des Kaisers mit der des Untertans, für den die Botschaft bestimmt ist: Die Metapher der „kaiserlichen Sonne" verdeutlicht die zentrale Stellung und Funktion des Ersteren; der Untertan ist nur ein „Schatten" und somit in seiner Existenz vom „Licht", von der Macht des Kaisers abhängig. Seine Position am Rande des Reiches, weit entfernt vom Herrscher, macht die Kommunikation unmöglich. Das zwischen den beiden bestehende extreme hierarchische Gefälle wird zudem in der immer wieder betonten großen Distanz, welche die Botschaft zurücklegen muss, veranschaulicht. Dies geschieht u. a. durch die Verwendung zahlreicher räumlicher Adjektive („weit", „hoch", „groß", „freies Feld", „innersten" bzw. „äußersten Palastes") und durch den hypotaktischen Satzbau mit detaillierten Aufzählungen der einzelnen Abschnitte des Wegs und der Hindernisse.

Die beiden kontrastierenden Figuren lassen sich aber noch genauer charakterisieren: Der Kaiser ist, bei aller Macht, die sich im Prunk seines Hofstaats ausdrückt, ein Sterbender; seine Macht vergeht, was in der Veränderung von der zu Beginn des Textes genannten „kaiserlichen Sonne" zum „Abend" am Textende auch bildhaft ausgedrückt wird. Der Untertan ist vor seinem Herrscher „in die fernste Ferne geflüchtet" – das Verhältnis zwischen beiden ist also einerseits bestimmt von Angst und Bedrohung. Andererseits „erträumt" sich der Untertan, passiv an seinem Fenster sitzend und offensichtlich sie erwartend, die Botschaft – wobei das Verb

sowohl den Aspekt des Sich-Vorstellens als auch den des Sich-Erhoffens konnotiert. Die zentrale Leerstelle des Textes ist der Inhalt der Botschaft. Darum bleibt auch die erwähnte Zwiespältigkeit des Verhältnisses zwischen den beiden Figuren in der Deutung offen.
Eine weitere Auffälligkeit des Textes ist die ungewöhnliche Verwendung der Anrede des Lesers in der zweiten Person Singular an mehreren Stellen. Durch diese Technik wird der Leser in das Geschehen der Parabel hineingezogen; nahegelegt wird eine Deutung, in der er sein eigenes Lesen des Parabeltextes als Teil der Handlung thematisiert sieht: Die Aussage von Kafkas Text bleibt letztlich genauso offen wie der geheimnisvolle Inhalt der Botschaft; der Leser sieht sein eigenes Lesen als ein Träumen, ein Fantasieren über den Sinn des Gelesenen dargestellt.
In der dritten Figur der Geschichte, dem Boten, wird noch ein weiterer Aspekt des Kommunikationsvorgangs veranschaulicht: der Weg der Botschaft und die mühevolle und (in der Parabel) aussichtslose Arbeit ihres Überbringers. Trotz der positiven Charakterisierung des Boten als „kräftig" und „unermüdlich" bleibt sein Auftrag zum Scheitern verurteilt, was vor allem an der extremen Distanz des Kommunikationsweges liegt, die immer wieder hyperbolisch („fernste Ferne", „nehmen kein Ende", „niemals wird er sie überwinden", „durch Jahrtausende") und durch Wiederholungen („fernste Ferne", „niemals, niemals") betont wird.
Der offene Charakter der Parabel lässt viele Deutungsmöglichkeiten zu: Neben der schon beschriebenen Thematisierung des Lesevorgangs selbst könnte man den Text als Beschreibung der entfremdenden Distanz zwischen Regierung und Untertanen eines modernen Staates verstehen, als Darstellung der vergeblichen Sinnsuche eines Gläubigen, den die Botschaft Gottes nicht mehr erreicht, oder ganz allgemein als Veranschaulichung der fehlschlagenden Kommunikation in einer hierarchischen oder als hierarchisch empfundenen Personenkonstellation (Vater – Sohn, Lehrer – Schüler). Letztlich gewinnt der Text seine Wirkung gerade aus dem Kontrast zwischen der detailliert beschriebenen alptraumhaften Atmosphäre des unermüdlichen, aber sinn- und erfolglosen Bemühens um das Erreichen des anderen einerseits und seiner großen Deutungsoffenheit andererseits, mit der er eine eindeutige und damit beruhigende Antwort auf die Fragen des Lesers verweigert.

2.4 Eine Kurzgeschichte verstehen und darüber schreiben

→ S. 37

3 zum Beispiel:
Thema des Textes ist die Erfahrung des Todes nach einem Luftangriff am Ende des Zweiten Weltkrieges. Es geht auch um die Frage, wie ein neunjähriger, auf sich allein gestellter Junge nach dem Tod von Angehörigen weiterleben kann.

4 *Der innere Konflikt besteht darin, dass der Junge meint, an einer Hausruine ausharren zu müssen, um seinen verschütteten kleinen Bruder vor Ratten zu schützen, er aber zugleich seinen Platz verlassen möchte, um die jungen Kaninchen zu sehen.*

5 zum Beispiel:
Der arme Junge ist der irrigen Annahme, dass er den toten Körper seines Bruders vor Ratten schützen kann, indem er vor der Ruine ausharrt. Irgendwann wird er darüber selbst zusammenbrechen. Ich muss ihm möglichst schnell einen guten Grund liefern, warum er – zumindest für ein paar Stunden – die Trümmerstätte verlassen kann.

6 zum Beispiel:
Es geht in diesem entscheidenden Moment im Leben Jürgens darum, ob er über den Tod seines Bruders verzweifelt oder ob es ihm gelingt, neuen Lebensmut zu schöpfen.

7 zum Beispiel:
Schuttwüste (Z. 4): Zerstörung, Tod; Sonne (Z. 18): lebenspendende Energie; junge Kaninchen (Z. 46 ff.): neues Leben; Kuhlen (im Schutt [Z. 108]): „Lauter kleine Betten"; Geborgenheit, Ausruhen, neue Kraft schöpfen; grünes Kaninchenfutter (Z. 132 f.): „Grün" als Farbe des Lebens und der Hoffnung; etwas grau (Z. 132): Signal für das langsame Überwinden von Tod und Zerstörung

→ S. 38

8 **Merkmale epischer Texte**

Ich-Erzähler		x	Er-/Sie-Erzähler
auktoriale (allwissende) Vermittlung		x	personale (durch die Perspektive einer Figur begrenzte) Sichtweise
Einführung des Lesers ins Geschehen		x	offener (unvermittelter) Anfang
Abschluss des Geschehens am Ende		x	offenes Ende
Geschehen aus der Innenperspektive wiedergegeben		x	Geschehen aus der Außenperspektive wiedergegeben
Rahmenhandlung			Binnenhandlung
einsträngiges Geschehen	x		mehrsträngiges Geschehen
zeitdeckend	x		zeitraffend bzw. zeitdehnend
kontinuierliche Vermittlung des Geschehens (linear)	x		diskontinuierliche Vermittlung des Geschehens (nicht linear, episodisch, Zeitsprünge etc.)
atmosphärisch dicht (Zeit- und Milieukolorit)	x		Verzicht auf Milieu-/Zeitkolorit (überzeitliche Darstellung)
Held (gelingendes Lebenskonzept)		x	Antiheld (misslingendes Lebenskonzept)
wohlwollende Nähe zum Geschehen	x		(ironische oder sonstige) Distanzierung vom Geschehen
inneres Geschehen (Gedanken, Gefühle)		x	äußeres Geschehen (Handlungen, Gespräche)
szenische Entfaltung	x		zusammenfassender Bericht
wörtliche Rede	x		indirekte Rede
direkt-realistische Darstellung	x		indirekt-bildhafte Darstellung
besondere stilistische Anstrengungen (z. B. mit Hilfe rhetorischer Figuren oder durch auffällige Syntax)	x		keine auffällige Stilisierung

9 zum Beispiel:
Die Kurzgeschichte „Nachts schlafen die Ratten doch" von Wolfgang Borchert stellt dar, wie ein neunjähriger Junge am Ende des Zweiten Weltkrieges mit Tod und Vernichtung konfrontiert wird und wie ein älterer Mann ihm wieder zu einer Perspektive verhelfen will.

→ S. 39

10 zum Beispiel:
11 *Die Kurzgeschichte wird von einem auktorialen Erzähler präsentiert. Sie weist einen offenen Anfang auf, denn der Leser wird unvermittelt mit den beiden Hauptfiguren, dem Jungen und dem älteren Mann, konfrontiert. Zentrales Ereignis der Handlung ist der Versuch des älteren Mannes, den Jungen von seiner vergeblichen Verteidigung des toten Bruders wegzulocken. Am Ende wird angedeutet, dass dieser Versuch Erfolg hat. Der Vorgang wird in Form des szenischen Erzählens mit längeren Partien von wörtlicher Rede dargestellt.*

12 … denn *er fühlt sich verpflichtet, den toten Bruder zu beschützen, da sonst kein Familienmitglied mehr am Ort ist. Das zeigt sich z. B. in Zeile 19–24;*
… dass *Jürgen sich einen Stock besorgt hat, mit dem er Ratten vertreiben will, die für den toten Bruder gefährlich sein könnten.*
… Er *überblickt in seiner Naivität nicht, dass seine Bemühungen nutzlos sind, und er glaubt der falschen Information des Mannes, dass Ratten nachts schlafen.*
Der ältere Mann *erkennt die verzweifelte Lage des Jungen nach und nach und er entwickelt eine Strategie, ihm zu helfen.*

Er erkennt, dass *Jürgen sich verpflichtet fühlt, den toten Bruder gegen Ratten zu verteidigen, dabei jedoch seine Handlungsmöglichkeiten ganz falsch einschätzt.*
... So weist er im ersten Abschnitt darauf hin, dass *Jürgen sich in einer „Schuttwüste" (Z. 4) befindet. Das Bild spiegelt Jürgens inneres Empfinden.*
Außerdem *enthält der Text aber auch Symbole für neue Hoffnung und neues Leben. So steht z. B. die „Sonne" (Z. 128) für die neue Hoffnung, die Jürgen haben kann.*

3 Poetische Texte verstehen – Drama

3.1 Eine Szene untersuchen und darüber schreiben

→ S. 42

2 **3**

[...]

Der Feldwebel: Eine nette Familie, muß ich sagen.

Mutter Courage: Ja, ich bin durch die ganze Welt gekommen mit meinem Planwagen.

Der Feldwebel: Das wird alles aufgeschrieben. *Er schreibt auf.* [...]

Aufeinandertreffen, Vorstellung

Der Werber: Ihr solltet lieber Jakob Ochs und Esau Ochs heißen, weil ihr doch den Wagen zieht. Aus dem Gespann kommt ihr wohl nie heraus?

Eilif: Mutter, darf ich ihm aufs Maul hauen? Ich möcht gern.

Werber provoziert; Eilif lässt sich provozieren, reagiert aggressiv

Mutter Courage: Und ich untersags dir, du bleibst stehn. Und jetzt, meine Herren Offizier, brauchens nicht eine gute Pistolen oder eine Schnall, die Ihre ist schon abgewetzt, Herr Feldwebel.

M. C. beschwichtigt, lenkt ab, versucht, Geschäfte zu machen

Der Feldwebel: Ich brauch was andres. Ich seh, die Burschen sind wie die Birken gewachsen, runde Brustkästen, stämmige Haxen: warum drückt sich das vom Heeresdienst, möchte ich wissen?

Mutter Courage *schnell:* Nicht zu machen, Feldwebel. Meine Kinder sind nicht für das Kriegshandwerk.

Der Werber: Und warum nicht? Das bringt Gewinn und bringt Ruhm. Stiefelverramschen ist Weibersache. *Zu Eilif:* Tritt einmal vor, laß dich anfühlen, ob du Muskeln hast oder ein Hühnchen bist.

Mutter Courage: Ein Hühnchen ist er. Wenn einer ihn streng anschaut, möchte er umfallen.

Der Werber: Und ein Kalb dabei erschlagen, wenn eins neben ihm stünd. *Er will ihn wegführen.*

Mutter Courage: Willst du ihn wohl ihn Ruhe lassen? Der ist nix für euch.

Fw. und W. wollen Eilif zum Heeresdienst verführen: Lob, Ruhm etc.; M. C. wertet Eilif ab, kriegsuntauglich; will nicht, dass ihre Söhne Soldaten werden

Der Werber: Er hat mich grob beleidigt und von meinem Mund als einem Maul geredet. Wir zwei gehen dort ins Feld und tragen die Sach aus unter uns Männern.

Eilif: Sei ruhig. Ich besorgs ihm, Mutter.

Mutter Courage: Stehen bleibst! Du Haderlump! Ich kenn dich, nix wie raufen. Ein Messer hat er im Stiefel, stechen tut er.

Zuspitzung der Situation;
M. C. vereitelt Prügelei zwischen W. und Eilif

Der Werber: Ich ziehs ihm aus wie einen Milchzahn, komm, Bürschchen.
Mutter Courage: Herr Feldwebel, ich sags dem Obristen. Der steckt euch ins Loch. Der Leutnant ist ein Freier meiner Tochter.

> *M.C. droht Fw. mit Vorgesetztem*

Der Feldwebel: Keine Gewalt, Bruder. *Zu Mutter Courage:* Was hast du gegen den Heeresdienst? War sein Vater nicht Soldat? Und ist anständig gefallen? Das hast du selber gesagt.

> *Fw. lenkt ein; argumentiert mit Vater, der Soldat war*

Mutter Courage: Er ist ein ganzes Kind. Ihr wollt ihn mir zur Schlachtbank führen, ich kenn euch. Ihr kriegt fünf Gulden für ihn.

> *M.C. argumentiert: Eilif nur Kanonenfutter*

Der Werber: Zunächst kriegt er eine schöne Kappe und Stulpenstiefel, nicht?
Eilif: Nicht von dir.
Mutter Courage: Komm, geh mit angeln, sagt der Fischer zum Wurm. *Zum Schweizerkas:* Lauf weg und schrei, die wollen deinen Bruder stehlen. *Sie zieht ein Messer.* Probierts nur und stehlt ihn. Ich stech euch nieder, Lumpen. Ich werds euch geben, Krieg mit ihm führen! Wir verkaufen ehrlich Leinen und Schinken und sind friedliche Leut.

> *Höhepunkt der Konfrontation: M.C. zieht Messer*

Der Feldwebel: Das sieht man an deinem Messer, wie friedlich ihr seid. Überhaupt sollst du dich schämen, gib das Messer weg, Vettel! Vorher hast du eingestanden, du lebst vom Krieg, denn wie willst du sonst leben, von was? Aber wie soll Krieg sein, wenn es keine Soldaten gibt?
Mutter Courage: Das müssen nicht meine sein.
Der Feldwebel: So, den Butzen soll dein Krieg fressen, und die Birne soll er ausspucken! Deine Brut soll dir fett werden vom Krieg, und ihm gezinst wird nicht. Er kann schauen, wie er zu seiner Sach kommt, wie? Heißt dich Courage, he? Und fürchtest den Krieg, deinen Brotgeber? Deine Söhn fürchten ihn nicht, das weiß ich von ihnen.

> *Fw. fasst die Problematik zusammen: M.C. will vom Krieg leben; aber dem Krieg nichts opfern*

Eilif: Ich fürcht kein Krieg. [...] R

4 zum Beispiel:
Mutter Courage und ihre Kinder, Eilif, Schweizerkas und Kattrin, ziehen während des Dreißigjährigen Krieges als fahrende Händler den Kriegstruppen hinterher, um Nahrungsmittel, aber auch Waffen und Produkte des täglichen Bedarfs zu verkaufen. Dabei treffen sie in dem abgedruckten Szenenausschnitt auf einen Feldwebel und einen Werber, die versuchen, Eilif und Schweizerkas für den Heeresdienst zu dingen. Als Mutter Courage dieses Ansinnen zunächst argumentativ, dann mit gezücktem Messer ablehnt, hält ihr der Feldwebel eine Doppelmoral vor; denn sie wolle sich einerseits am Krieg bereichern, sei aber andererseits nicht bereit, dem Krieg Tribut zu zollen.

5 zum Beispiel:
- *Die Handlung beginnt und endet mit einem Konflikt, den der Feldwebel und Mutter Courage austragen.*
- *Die Handlung spitzt sich nach und nach zu, ein Höhepunkt ist erreicht, als Mutter Courage bereit ist, das Leben ihrer Söhne mit dem Messer zu verteidigen.*
- *Man muss sich die Handlung vor dem Hintergrund des Dreißigjährigen Krieges vorstellen.*
- *Eine Spannungskurve könnte kontinuierlich ansteigen.*
- *Die Handlung spielt im öffentlichen Bereich.*
- *Die Handlung ist konfliktträchtig.*
- *Die Figuren sind aktiv.*

→ S. 43

6 *Der Feldwebel möchte Eilif und Schweizerkas für den Heeresdienst werben.*
Mutter Courage möchte verhindern, dass ihre Söhne Soldaten werden und im Krieg sterben.

7 *Argumente des Feldwebels:*
- *Der Vater war Soldat und ist anständig gefallen. (Z. 47 f.)*
- *Du bereicherst dich am Krieg. Aber wie soll ein Krieg ohne Soldaten stattfinden? (Z. 66 ff.)*
- *In den Zeilen 70 ff. wiederholt der Feldwebel sein Argument.*

Argumente von Mutter Courage:
- *Ihr wollt euch nur bereichern. Ihr kriegt Geld für jeden geworbenen Soldaten, und meine Kinder sterben dann im Kampf. (Z. 50 ff.)*
- *Der Krieg kann auch ohne meine Kinder geführt werden. (Z. 69)*

8 zum Beispiel:
- *Es geht darum, ob die Söhne Soldaten werden oder nicht.*
- *Feldwebel und Werber stellen die Vorteile des Soldatenstandes heraus; Mutter Courage betont die Gefahren des Soldatenlebens.*
- *Der Feldwebel vertritt die Position, dass Mutter Courage, die vom Krieg lebe, dem Krieg auch etwas schuldig sei. Mutter Courage räumt ein, dass sie vom Krieg lebe, möchte aber nicht, dass ihre Söhne sich an Kämpfen beteiligen.*
- *Der Feldwebel versucht es zunächst mit Schmeicheleien und Hinweisen auf die Vorteile des Soldatenstandes, später wirft er Mutter Courage eine Doppelmoral vor. Mutter Courage behauptet, der Feldwebel sei nur auf seinen eigenen finanziellen Vorteil bedacht und wolle ihre Kinder gewissenlos zur Schlachtbank führen.*
- *Die Positionen bleiben unverändert.*
- *Das Gespräch beginnt mit einem ironischen Kommentar des Feldwebels und endet mit Eilifs Aussage: „Ich fürcht kein Krieg." (Z. 77)*
- *Das Gespräch droht, jederzeit in eine gewalttätige Auseinandersetzung auszuarten.*

9 zum Beispiel:
Der Szenenausschnitt will auf einen Widerspruch im Verhalten Mutter Courages hinweisen. Einerseits bereichert sie sich am Krieg, ist also an einem Fortgang der Kriegshandlungen interessiert. Andererseits lehnt sie eine aktive Beteiligung ihrer Söhne am Krieg ab, weil sie deren Tod fürchtet.

→ S. 44

10 F. = *Fremdbestimmung*
11 S. = *Selbstbestimmung*
12

Z. 6 ff.: Werber beleidigt die Söhne (F.); Z. 9: Eilif aggressiv (S.), Z. 15 ff.: Fw. lobt das Äußere der Söhne (F.); Z. 20 f.: M. C. versucht, ihre Söhne zu schützen (F.); Z. 27 f.: M. C. wertet Eilif ab, erklärt ihn für kriegsuntauglich (F.); Z. 37: Eilif droht (S.); Z. 38: M. C. gebietet erneut Einhalt (F.); Z. 50: M. C. bezeichnet Eilif als Kind (F.); Z. 75 f.: Fw. schmeichelt den Söhnen, nennt sie furchtlos (F.); Z. 77: Eilif hat keine Angst (S.)

13 *Wesentlich sind die folgenden Ergebnisse: Weil Mutter Courage die Gefahr für ihren Sohn Eilif erkennt, bezeichnet sie ihn als „Kind". Sie charakterisiert ihn als ängstlich und betont seine körperlichen Schwächen („Hühnchen"), während der Feldwebel die Kriegstauglichkeit der Söhne hervorhebt (Gesundheit/Stärke). Eilif selbst erscheint als naiv und durch sein Verhalten als etwas aggressiv.*

→ S. 45

14 zum Beispiel:
These 1: Mutter Courage übernimmt Verantwortung für ihre Familie. Sie versucht, sie wohlbehalten durch die Kriegswirren zu führen.
These 2: Mutter Courage wirkt geistesgegenwärtig, entschlossen und durchsetzungsfähig, aber auch skrupellos.

4 Basiskompetenzen des Schreibens trainieren – Fehlerdiagnose und -korrektur

4.1 Schreibkompetenzen testen – Übungsbedarf festlegen

→ S.46

1 Die Hauptfigur setzt den Fremden *psychisch* (psychologisch/psychisch) unter Druck.
Er will seine Gesprächspartnerin *hereinlegen* (hereinlegen/reinlegen).
Wenn man eine literarische Figur charakterisiert, kann man auch ihre *sozialen* (sozialen/soziologischen) Verhältnisse betrachten.
Lorenz sieht beiden nach, wie sie die Treppe *hinaufgehen* (hinauf-/herauf-)gehen.
An dieser Stelle kommt die Maus aus ihrem Loch *heraus* (hinaus/heraus).
In beiden Landesteilen ist das Klima sehr *unterschiedlich* (anders/unterschiedlich).
Bei der Bewertung des Aufsatzes haben auch *formale* (formale/formelle) Dinge eine Rolle gespielt.
Der Gesprächsleiter ermahnt die Diskussionsteilnehmer, auf der *rationalen* (rationellen/rationalen) Ebene zu bleiben.

2 Es kann sich um keinen romantischen Text handeln, *weil der Vorgang realistisch dargestellt ist.*
Ein Lyriker kann Klangfiguren einsetzen, *häufig werden z.B Alliterationen verwendet.*
Hier tritt ein anderes Metrum auf, *weil ein Daktylus vorliegt, wenn zwei Senkungen auf eine Hebung folgen.*

→ S.47

3

1.	Es gibt viele Gelegenheiten, <u>wo</u> wir etwas erreichen können.	*bei denen*
2.	Hier <u>fällt</u> die mangelnde Übersicht und der schlechte Stil auf.	*fallen*
3.	Doch Klaus, <u>der</u> Schüler, dem dieser Fehler unterlaufen war, interessiert das gar nicht.	*den*
4.	Er teilt mit, dass die Stadt sieben Kilometer entfernt <u>läge</u>.	*liege*
5.	Das Metrum, <u>was</u> der Autor in diesem Gedicht verwendet hat, ist sehr unregelmäßig.	*das*
6.	Die aufgewühlte Stimmung des lyrischen Ichs und die Frage, woher diese innere Unruhe stammt, <u>ist</u> hier besonders relevant.	*sind*
7.	Seine Kenntnisse <u>über die romantische</u> Epoche sind dürftig.	*(von) der romantischen*
8.	Diese Textgestaltung ist <u>viel optimaler</u>.	*optimal*
9.	Der Autor schildert einen Konflikt <u>zwischen dem Ehepaar</u>.	*zwischen den Eheleuten*

4
1. „Wo" ist kein *Relativpronomen*, sondern ein *Fragewort*.
2. Zwei Subjekte führen dazu, dass *die Prädikatform im Plural steht.*
3. Eine Apposition steht *im gleichen Genus (Geschlecht), Numerus (Anzahl) und Kasus (Fall) wie das Bezugswort.*
4. In der 3. Person Singular wird der Konjunktiv *vom Infinitiv abgeleitet.*
5. „Was" kann nur dann als Relativpronomen verwendet werden, wenn *es sich auf die ganze Satzaussage bezieht.*
6. Auch wenn zwei Subjekte in einem Satz sehr umfangreich sind, *steht das Prädikat im Plural.*
7. Auf „Kenntnisse" folgt *meist ein Genitiv, auch die Präposition „von" ist möglich.*
8. Adjektive mit superlativischer Bedeutung (in der höchsten Steigerungsform) *können nicht noch weiter gesteigert werden.*
9. „Zwischen" kann nur dann verwendet werden, wenn es *zwei Nomen verbindet oder die Pluralform verwendet wird.*

→ S.48

5

Ein Wort und ...	... ein Ersatzwort	Ein Wort und ...	... ein Ersatzwort
etwas	*ein bisschen*	vorbeigehen	*vorübergehen*
Mann und Frau	*ein Pärchen*	keine Lust	*Desinteresse*
weiterschlafen	*liegen bleiben*	Nummern geben	*nummerieren*
eventuell	*vielleicht*	im Einzelnen	*detailliert*
erneut	*wiederum*	eine gehörige Portion	*ziemlich*
denn	*nämlich*	in der Regel	*meistens*
Spülgerät	*Spülmaschine*	Gegenwehr	*Widerstand*
die Übrigen	*die anderen*	sich begegnen	*kennen lernen kennenlernen*

Hinweis	*Tipp*	meistens	*im Allgemeinen*
rednerisch	*rhetorisch*	vollständig	*gesamt*
sofort	*direkt*	selbst	*persönlich*
fürchterlich	*entsetzlich*	dir ist bekannt	*du weißt*
verschwinden	*verloren gehen verlorengehen*	nicht normal	*anormal*
gewalttätig	*aggressiv*	regelmäßige Abfolge	*Rhythmus*
gleichmäßig	*symmetrisch*	sich trennen	*auseinandergehen*

4.2 Rechtschreibung

→ S. 49 – 50

1 Skifahrten als Kursfahrten
(Antrag der SV an die Schulkonferenz):
Hiermit beantragt die SV, dass in Zukunft die Möglichkeit zum *Skifahren* SKIFAHREN auch in der Oberstufe angeboten wird. Das *Skilaufen* SKILAUFEN soll damit neben dem *Bergsteigen* BERGSTEIGEN für den Sport-LK angeboten werden. Von den Kosten (300 Euro) soll noch ein Teil als Taschengeld *übrig bleiben* ÜBRIGBLEIBEN, dies muss die Fahrtleitung *sicherstellen* SICHERSTELLEN.

Begründung:
1. Bewegung wird immer wichtiger!
Vieles, was Jugendliche gerne machen (z. B. *Computer spielen, fernsehen, Musik hören* COMPUTERSPIELEN, FERNSEHEN, MUSIKHÖREN), wird ohne jegliche Bewegung ausgeübt. Mediziner warnen davor, dass wir uns (und unsere Körper) gewissermaßen *hängen lassen / hängenlassen* HÄNGENLASSEN und etwa Haltungsschäden *in Kauf nehmen* INKAUFNEHMEN. Auch die Kondition kann – ohne ausreichende Bewegung – schnell *abhandenkommen* ABHANDENKOMMEN.
Mit einem weiteren Sportangebot in der Oberstufe kann Terrain für den Sport insgesamt *zurückgewonnen* ZURÜCKGEWONNEN werden.
2. Gemeinsames *Sporttreiben* SPORTTREIBEN ist sozial!
Manch einer muss *beiseitestehen* BEISEITESTEHEN, wenn andere ihn nicht mitspielen lassen. Viele können in ihrer normalen Umgebung andere nicht richtig *kennen lernen / kennenlernen* KENNENLERNEN, weil sie keine Gelegenheit dazu haben oder weil sie zu schüchtern sind. Der Wintersport insgesamt ist sehr attraktiv, wie die Mittelstufen-Fahrten nach Österreich zeigen. Dieses Angebot sollte auch jeder *wahrnehmen* WAHRNEHMEN, gerade weil es für das *Zusammenleben* ZUSAMMENLEBEN so bedeutsam erscheint. Uns sollte die soziale Komponente in der Oberstufe nicht *verloren gehen / verlorengehen* VERLORENGEHEN! Die SV hofft, dass die Teilnehmer/-innen der Schulkonferenz dem Antrag zustimmen und diese Möglichkeit für uns *gewährleisten* GEWÄHRLEISTEN. Wir wollen die Bedenken (auch die finanziellen!) nicht *gering schätzen / geringschätzen* GERINGSCHÄTZEN, aber bei allem überwiegen die positiven Aspekte bei Weitem. Die SV verspricht, dass sie in einem Bericht über die ersten Fahrten den möglichen Bedenken *Rechnung tragen* RECHNUNGTRAGEN wird.

→ S. 51

2 fertig werden – fertigwerden
- An diesem schönen Sommertag wollte Emily möglichst schnell mit ihren Hausaufgaben fertig werden / fertigwerden.
- Ihr großer Bruder Louis hatte nur noch einen Gedanken: Er musste mit der Trennung von seiner Freundin Anouk fertig werden / fertigwerden.

Begründung: *mit der Trennung gedanklich abschließen*

richtig liegen – richtigliegen
- Eltern denken oft, dass sie auf Grund ihrer Lebenserfahrung mit ihren Einschätzungen richtig liegen / richtigliegen.
- Wenn kleine Kinder im Bett nicht richtig liegen / richtigliegen, können sie oft nicht einschlafen.

Begründung: *mit einer Einschätzung recht haben*

schwer fallen – schwerfallen

– Weil Niklas auf dem Schulhof schwer gefallen / schwergefallen war, rief die Pausenaufsicht den Notarzt.
– Nach dem Umzug ist es Mia schwer gefallen / schwergefallen, sich in ihrer neuen Umgebung einzuleben.

Begründung: *hat Mühe verursacht*

nahe liegen – naheliegen

– Jakobs Eltern fragten sich, wie er auf dem nahe liegenden / naheliegenden Parkplatz eine Beule in ihr Auto fahren konnte.
– Die nahe liegende / naheliegende Begründung war, dass er den Blumentopf übersehen hatte, der die Parkbox begrenzte.

Begründung: *plausibel, wahrscheinlich*

3 zum Beispiel:
Um mehr Zeit für die Familie zu haben, wollte er bei der Arbeit kürzertreten.
Wir mussten die Schutzbrillen aufsetzen, denn der Versuch im Chemieunterricht konnte auch schiefgehen.
Die Wirtschaftsweisen hatten die Aussichten für die Zukunft schwarzgemalt.

4 zum Beispiel:
leicht fallen, leichtfallen, krankschreiben, krank werden, richtig stellen, richtigstellen, richtig schreiben, bekannt werden, bereitstellen, totschlagen, sich tot stellen, sich totarbeiten, feststellen, festmachen, fest schlagen, festschreiben, kalt stellen, kaltstellen, kalt werden, klarmachen, klarstellen

→ S. 52

5
1. Jetzt habe ich vergessen, die Fenster *zu schließen* .
2. Könntest du bitte noch *zuschließen* ?
3. Können Sie mir das fest *zusagen* ?
4. Er hat wirklich nichts *zu sagen* .
5. Wir könnten versuchen, hier *zu parken* .
6. Du darfst die Ausfahrt nicht *zuparken* .

6
1. Habe ich euch *zu viel* versprochen?
2. *Soviel* ich weiß, ist der Roman von Theodor Fontane.
3. Wir rufen an, *sobald* wir ankommen.
4. Am 14. Juli war es endlich *so weit* , wir konnten fahren.
5. *Soweit* die Augen reichten, gab es nur Sandstrand.

→ S. 53–54

7 **LK-Kursfahrt nach Schottland**

Unsere 31-stündige Odyssee sollte ihren Anfang an jenem verhängnisvollen *Mittwochmorgen* MITTWOCHMORGEN nehmen, als wir in aller *Herrgottsfrühe* HERRGOTTSFRÜHE von Köln nach Rotterdam fuhren, wo wir dann – gerade noch *rechtzeitig* RECHTZEITIG – auf unsere Fähre umsatteln konnten. Der Aufenthalt auf der Fähre war überraschenderweise doch sehr, sehr lustig, was wohl an der bootseigenen „Disco" lag, die wir *gegen Abend* GEGENABEND heimsuchten. Dass *nachts* NACHTS alle Katzen grau sind, hatten wir ja schon einmal gehört, aber ... vielleicht war es ja gut, dass da *minutenlang* MINUTENLANG unter Deck so wenig Licht war! Geschlafen hat in *dieser Nacht* DIESERNACHT jedenfalls kaum einer, am *nächsten Morgen* NÄCHSTENMORGEN und vor allem *tagsüber* TAGSÜBER dafür umso mehr. *Ungefähr mittags* UNGEFÄHRMITTAGS kamen wir in Edinburgh an, wo wir einiges gesehen und unternommen haben, z. B. *als Erstes* ALSERSTES eine Stadtrundfahrt. (Schöne Grüße hiermit an unsere Stadtführerin, die uns *mehr als einmal* MEHRALSEINMAL zu erklären versuchte, was „trendy" heißt: „Trendy heißt, da gehen junge Leute hin!")

Im Studentenwohnheim angekommen, wurden *zuerst* ZUERST die Zimmerschlüssel verteilt. Jede Etage hatte eine Gemeinschaftsküche, die wir natürlich am *ersten Abend sofort* ERSTENABENDSOFORT einweihen mussten. Dort wurden auch die ersten Rastazöpfe von Melanie M. geflochten – eine Aktion, die etwa *zehn Stunden lang* ZEHNSTUNDENLANG dauerte. Leider mussten wir *morgens* MORGENS extrem *früh* FRÜH aufstehen und *täglich* TÄGLICH unseren Kram selbst spülen, denn eine Spülmaschine scheint in Schottland *bis heute* BISHEUTE noch niemand erfunden zu haben. Das *frühe Aufstehen* FRÜHEAUFSTEHEN hatte nur einen einzigen Grund: Culture und History, und davon gibt's da 'ne Menge, glaubt's mir! [...]

Auf der Rückfahrt lief alles wie auf der Hinreise: *frühmorgens* FRÜHMORGENS in den Bus, *nachts* NACHTS auf der Fähre mit Disco, *am nächsten Mittag* AMNÄCHSTENMITTAG wieder in Deutschland. Zu Hause hieß es *am Ende* AMENDE Abschied nehmen von einer insgesamt *zehntägigen* ZEHNTÄGIGEN, aber vor allem supermegacoolen Kursfahrt!

→ S. 55

9 *Ägäische Inseln, Athener Akropolis, Brüsseler Spitzen, finnische Sauna, französisches Baguette, Friesische Inseln, holländische Tulpen, Kölner Dom, Londoner Tower, Nürnberger Lebkuchen, portugiesische Seefahrer, schottischer Whisky, Schweizer Käse, spanischer Stierkampf*

→ S. 56–57

10 Manch Ungewöhnliches von der Kursfahrt gen Osten

Polen hieß das ungewöhnliche Kursfahrtziel unserer Jahrgangsstufe 12, eine Fahrt, die (im) *Großen und Ganzen* als gelungen bezeichnet werden kann. 35 Schülerinnen und Schüler sowie drei Lehrer besuchten mit zunächst wechselvollen Gefühlen unseren *großen* Nachbarstaat. (Im) *Dunkeln* kamen wir an der Grenze an, sodass wir die Grenzkontrolle (im) *Wesentlichen* schlafend ertrugen. Am Morgen fuhren wir durch die herrliche Landschaft, quasi (ins) *Grüne* , wir hatten aber manchmal den Eindruck, es wäre eine Fahrt (ins) *Blaue* – keiner schien zu wissen, wie's weitergeht! Wir wollen hier (nichts) *Schlechtes* über den Busfahrer sagen – er war wirklich sehr nett! –, aber mit seiner Straßenkarte schien er manchmal (im) *Trüben* zu fischen. (Ungeduldiges) *Fragen und Murren* wurde im Bus laut. Die *einen* spielten Karten, die *anderen* sangen (alles) *Mögliche* . Mit einstündiger Verspätung passierten wir dann Berent, das heutige Koscierzyna; ein Regenguss färbte die Landschaft in *dunkle* , gespenstische Farben, der grelle HIT-Supermarkt wirkte ein *wenig* fehl am Platze – hier so weit im Osten. Wo blieb Danzig, polnisch: Gdansk? Zu (guter) *Letzt* sollte sich dennoch alles (zum) *Guten* wenden: 21 Uhr – Danzig! Hafenstadt und Metropole. Das *kleine* Jugendhotel hatte sich gut versteckt zwischen den Studentenwohnheimen, und ohne Irmgard und ihre Polnischkenntnisse hätten wir die Nacht wohl (im) *Freien* verbringen müssen. (Das) *Essen* ließ auf sich *warten* und so trieb uns der Hunger zu McDonald's – (im) *Übrigen* auch hier im Osten (ein) *Muss* für alle Jugendlichen. Auf unsere mühsam vorformulierte Frage nach dem Weg dorthin: „Czeprasem, gdzie jest McDonald's?", antwortete ein *junger* Pole ebenso fließend: „Just go straight on. It's on your right." Polen ist eben Europa.

→ S. 58

12 *Sie legt Wert auf gutes Benehmen.*
Die Briefmarkensammlung sollte angeblich etwas wert sein. Wert wert sein

Schuld schuld sein *Sie hatte die Schuld für den Vorfall auf sich genommen.*
Er wollte an dieser Entwicklung nicht schuld sein.

Die Firma steuerte in die Pleite.
Ich werde bald pleite sein. Pleite pleite sein

Angst angst und bange werden *Er hatte Angst vor großen Höhen.*
Ihr war angst und bange vor der Klausur.

Er fügte ihr großes Leid zu.
Es ist ihm leid geworden. Leid leid werden

Recht recht sein *Gleiches Recht für alle!*
Die Aussprache mit ihrem Bruder sollte ihr recht sein.

Der Gram hatte ihn vor der Zeit altern lassen.
Er wünschte sich, dass seine Eltern ihm nicht länger gram sind. Gram gram sein

→ S. 59–60

13 **Bericht aus den USA**

Schon der Flug in die USA war nicht gerade das Beste, was mir pasieren konnte. Montagmorgen (nach einem stressigen Wochenende) musten wir schon um vier Uhr zum Flughafen, tja und der Abschiedschmerz, das ist schon was. Mein Flug ging um sieben, und um 8.10 Uhr, als der durchschnittliche deutsche Schüler schon, na ja sagen wir: sechs Minuten im Klasenraum sass, war ich schon in Amsterdam, wo ich sechs Stunden Aufenthalt hatte. Was macht man so in sechs Stunden? Na ja, darüber nachdenken, ob du auch alles mithasst, Batterien kaufen, essen, CDs hören, besser noch mal nach Hausse telefonieren, den ganzen Flughafen abgrassen (schon kras, wie gross der ist!). Im Flugzeug sass ich prompt auf dem falschen Platz. Zum Glück gibt's ja immer Pasagiere, die auf ihren Sitzplatz bestehen. Mein richtiger Platz war ausserdem deutlich besser, denn statt eines stämmigen 2-Meter-Riessen hatte ich nun einen 21-jährigen Studenten aus Ungarn neben mir sitzen, der echt nett war. So konnte ich schon mal mein Englisch etwas erproben. [...]

passieren
mussten
Abschiedsschmerz
Klassenraum, saß
mithast
Hause, abgrasen
krass, groß, saß
Passagiere
außerdem
Riesen

Kurz zu meiner Gastfamilie: Er heisst Alfred (knapp 50), sie Carol (über 50), und er ist ein fleissiger Wisenschaftler (ich glaube Astrophyssik oder so) und er kommt aus Österreich, spricht aber aus Prinzip kein Deutsch mit mir, was ich auch gut finde. Sie ist eine „erstklassige" Künstlerin, aber doch mehr Hausfrau, wie ich festgestellt habe, und sie ist kein Fleisch. Anders als die beiden Hunde (Baron und Lillipont) und die Katze (Miss Kiddi). Mit den Hunden muss ich mich erst noch anfreunden, was gewiss nicht einfach ist, denn im Grunde hasse ich Hunde (Haha! Reimt sich!). Draussen haben die Weinders auch noch eine grosse Weide mit einigen weissen Schafen und einem Lama. [...]

heißt
fleißiger, Wissenschaftler
Astrophysik
isst
Draußen
große, weißen

→ S. 60

14 *Das Beste war die Passkontrolle. Das hat so lange gedauert, dass ich mich beeilen musste, um meinen Anschlusszug zu erreichen. Macht nichts! Die haben auch Stress wegen der Sicherheitsvorschriften. Ist ja schließlich auch besser so.*

→ S. 60–61

15 Dass das „dass", das mit doppeltem „s" geschrieben wird, so häufig falsch geschrieben wird, das ist allgemein bekannt und hat die Rechtschreibreformer seinerzeit gereizt, ***das*** „dass" mit doppeltem „s" gänzlich abzuschaffen und durch ***das*** „***das***" mit einfachem „s" zu ersetzen. Das hätte den Vorteil gehabt, dass die meisten Schülerinnen und Schüler ***das*** Problem, das ihnen die Schreibung der s-Laute bereitet, los gewesen wären. Die meisten Sprachforscher waren sich Ende des letzten Jahrhunderts auch einig darüber, dass ***das*** Ändern dieser Schreibregel nicht zu Verständnisproblemen geführt hätte. Allerdings befürchteten viele, dass dadurch, dass man die Unterschiede zwischen Artikel, Pronomen und Konjunktion verwische, ***das*** grammatische Wissen weiter abnehme. Sie wiesen darauf hin, dass es gar nicht schwer sei, ***das*** kleine Wörtchen korrekt zu schreiben, wenn man sich darüber im Klaren sei, dass es sich um eine Konjunktion handele. Außerdem gebe es ja immer noch die berühmte „Eselsbrücke": Es sei eben möglich, dass man ***das*** „***das***" ersetzt, z. B. durch ***das*** Pronomen „dieses" oder „welches". ***Das*** „***das***", das sich ersetzen lässt, schreibt man mit einfachem „s", ***das*** andere, die Konjunktion nämlich, eben mit doppeltem. Man brauche also nur auf ***das*** grammatische Verständnis zu bauen und schon sei man die Fehler los. So einfach sei das. Die Reformer führen ins Feld, dass sich **das** Phänomen auch bei einem anderen gleich klingenden Wort ergebe, das durchaus gleich geschrieben werde: **Das** Wörtchen „bis", das entweder Präposition (Wir fuhren bis Tagesanbruch.) oder Konjunktion (Wir fuhren, bis wir Rom erreichten.) sein kann. Letztlich konnten sich die Reformer jedoch nicht durchsetzen, so dass nun alle Schülerinnen und Schüler **das** korrekte Schreiben des Wörtchens „***das***" bzw. „dass" üben müssen.

→ S. 62

17 ***Das*** (***Art.***) Kind, ***das*** (***Rel. Pron.***) andere Kinder ärgert, kann sich nicht darauf berufen, ***dass*** (***Konj.***) es noch ein Kind ist, denn es weiß bereits sehr früh, ***dass*** (***Konj.***) man ***das*** (***Dem. Pron.***) nicht tut. ***Dass*** (***Konj.***) Kinder trotzdem streiten, liegt daran, ***dass*** (***Konj.***) ***das*** (***Art.***) Ärgern auch eine Form des Ausprobierens ist, ***das*** (***Dem. Pron.***) heißt, ***dass*** (***Konj.***) Kinder erfahren wollen und müssen, ***dass*** (***Konj.***) es Grenzen gibt, die sie nicht überschreiten dürfen. Manche Erwachsene verstehen ***das*** (***Dem. Pron.***) jedoch nicht, so ***dass*** (***Konj.***) sie sich vom Kind, ***das*** (***Rel. Pron.***) ihre Anweisungen missachtet, beleidigt fühlen und nicht erkennen, ***dass*** (***Konj.***) ***das*** (***Art.***) Verhalten, ***das*** (***Rel. Pron.***) ***das*** (***Art.***) Kind zeigt, in gewissem Sinne ganz normal ist. Wichtig ist jedoch, ***dass*** (***Konj.***) Eltern dem Kind die Grenzen aufzeigen und deutlich sagen: ***Das*** (***Dem. Pron.***) geht so nicht!

→ S. 63

18 die Theorie die Physik der Thymian der Thriller die Trilogie die Telepathie die Tragödie die Theologie der Euphemismus der Paragraph der Thermostat die Philosophie der Thron die These das Phänomen die Phrase die Trompete der Therapeut die Atmosphäre das Telegramm der Triumph der Asphalt

19 Terrine, *Rosine, Margarine, Kusine …*
Rendite, *Visite, Elite …*
Chemie, Sinfonie, *Geometrie, Genie, Psychiatrie …*
Restaurierung, Rationalisierung, *Trivialisierung, Visualisierung …*
buchstabieren, kommunizieren, *dechiffrieren, argumentieren …*

→ S. 64

20 abstrakt Aggression Aktion aktuell Apparat Appetit Attraktion Brikett Diktat Differenz Direktor Diskussion elektrisch Fassade Galerie Grammatik Inspektor Karriere Karussell Kommando korrekt Limit nummerieren Opposition Palast passieren platzieren Porzellan praktisch raffiniert Relief Stanniol Terrasse

→ S. 65

21

Rhythmus	Rhytmus	Rythmus	*Rhythmus*
Diskrezion	Diskretion	Disskretion	*Diskretion*
Abstinentz	Abstinenz	Abstienenz	*Abstinenz*
Katastrophe	Kathastrophe	Katastrofe	*Katastrophe*
Illusion	Ilussion	Ilusion	*Illusion*
effecktiv	efektiv	effektiv	*effektiv*
deligieren	delegieren	diligieren	*delegieren*
Athmosphäre	Atmosphäre	Atmosphere	*Atmosphäre*
Establisment	Establissment	Establishment	*Establishment*
Eskapade	Esskapade	Eskarpade	*Eskapade*
Letagie	Lethagie	Lethargie	*Lethargie*
Konsequenz	Konsequentz	Konnsequenz	*Konsequenz*
inzenieren	inszenieren	inszeniren	*inszenieren*
Retorik	Rethorik	Rhetorik	*Rhetorik*
Aktivität	Acktivität	Aktivitet	*Aktivität*
proffesionell	professionel	professionell	*professionell*
Stimulazion	Stimulation	Stimmulation	*Stimulation*
Plattitüde	Platitude	Plattitude	*Plattitüde/Platitude*

22 Adresse Annonce Asphalt Balance Breakdance Chanson destillieren destruktiv diskret Dissonanz Espresso Hospital Kassette Kompass Kompost Kristall Mikroskop Muskat Prozess Service Stewardess suspekt System Trance Transmission

→ S. 66

23

1. Aufsehen erregendes, empörendes Vorkommnis	*Skandal*	11. dringend, unvermittelt auftretend	*akut*
2. zeitgemäß, zeitnah	*aktuell*	12. unverkennbar	*typisch*
3. veränderlich, abwandelbar	*variabel*	13. rechtgläubig, strenggläubig	*orthodox*
4. streng, rücksichtslos	*rigoros*	14. Empfindlichkeit	*Sensibilität*
5. Gewaltherrscher	*Tyrann*	15. Prüfung	*Examen*
6. Erdgeschoss	*Parterre*	16. unmittelbar, freiwillig	*spontan*
7. gleichzeitig, gemeinsam	*simultan*	17. taktvoll, feinfühlig	*dezent*
8. ziemlich, verhältnismäßig	*relativ*	18. Forschungsreise	*Expedition*
9. Belegschaft	*Personal*	19. Ausstellungsstück	*Exponat*
10. Gefahr, Wagnis	*Risiko*	20. Warnung bei Gefahr	*Alarm*

24

ph	**th**	**y**	**-tion**
Paragraph	Bibliothek	Zylinder	Intervention
Katastrophe	Antipathie	System	Projektion
Physik	*Methodik*	*Zyklus*	*Portion*
Morphem	*Sympathie*	*Zypresse*	*Simulation*
…	…	…	…
-iv(e)	**-ik**	**-eur**	**-ier**
Objektiv	Statistik	Amateur	Manier
Initiative	Informatik	Chauffeur	Polier
depressiv	*Touristik*	*Masseur*	*Visier*
plakativ	*Nautik*	*Installateur*	*Kurier*
normativ	*Logistik*	*Hypnotiseur*	*Turnier*
…	…	…	…

→ S. 67

25 **Steven Roger Fischer: Weltsprache** (2003)

Bald werden alle sprachen der welt bis auf einen kleinen überrest verschwunden sein und nur eine sprache für die ganze menschheit zurücklassen. Mit diesem verlust wird die neue globale gesellschaft einen bislang ungekannten grad an kommunikation erreichen, der allen bereichen des menschlichen handelns nutzen bringt. Wir werden einen großteil der kulturellen vielfalt der erde verlieren, aber gleichzeitig ein neues zugehörigkeitsgefühl gewinnen, eine neue weltordnung. Viele befürchten jedoch, dass mit einer einzigen weltsprache die gefahr beispielloser politischer manipulation, propaganda und kontrolle wachsen wird. Der verlust der muttersprache führe, so meinen sie, zum verlust der kulturellen identität und zu einem wachsenden gefühl der entfremdung. Eine weltsprache könnte vorteile bringen, aber vielleicht ist der preis dafür zu hoch. Wie immer die sprachliche zukunft der erde aussehen mag, die sprache wird sich weiterhin gemeinsam mit der menschheit entwickeln, wie sie es seit etwa einer million jahren getan hat.

26 **Über Stanislaw Lem**

Stanislaw Lem, 1921–2006, studierte Medizin und beschäftigte sich mit Physik, Kybernetik, Mathematik und Philosophie. Er gründete die Polnische Astronautische Gesellschaft und arbeitete als Assistent für angewandte Psychologie. Er war als Übersetzer, Autoschlosser und Monteur tätig, bevor er mit seinen Science-Fiction-Romanen weltberühmt wurde. Er lebte mit seiner Frau, einer Radiologin, in der Nähe von Krakau.

In vielen seiner Bücher hat Lem künftige Entwicklungen wie die Gentechnik, die Nanotechnik oder den bargeldlosen Zahlungsverkehr vorhergesagt. Doch mittlerweile ist der erfolgreiche polnische Science-Fiction-Autor zu einem entschiedenen Kritiker dieser Gattung geworden: Seine futurologischen Visionen wie die reizvollen Ausflüge in den virtuellen Raum oder bemannte Flüge zu fernen Planeten seien nur Wahngebilde. In seinem vielleicht bekanntesten Roman „Solaris“ steht der Satz: „Wir brauchen keine anderen Welten, wir brauchen nur Spiegel.“ Statt über technische „Wahnideen“ schreibt er heute lieber über den Umgang mit der kaum zu bändigenden modernen Wissensflut und den gefährlichen Trend zu „Wissensmonokulturen“.

4.3 Zeichensetzung

→ S. 68

1
1. Frau Reling, könnten Sie mir einen neuen Ausweis ausstellen?
2. Da kommt Christian, unser Werbefachmann, mit den Probeexemplaren.
3. Gleich kommt wieder diese Werbung, die mit dem Rückwärtsgang.
4. Heute, nach mehr als zwei Wochen, haben wir endlich Antwort bekommen.
5. Ich esse gern Obst, besonders Apfelsinen.

2
1. Stefan, willst du mit in die Stadt fahren? *Anrede*
2. Wirklich faszinierend, diese Fotos. *Nachtrag*
3. Maria, meine Freundin, hat gestern ihren Führerschein gemacht. *Einschub, Apposition*
4. Entschuldigen Sie, können Sie mich mitnehmen? *Anrede*
5. Für die Indianer war das weite Grasland,
   die Prärie, mit seinen sanften Hügeln keine Wildnis. *Einschub, Apposition*
6. Später, Anfang oder Mitte Mai, können die Pflanzen dann ins Freie. *Einschub*

→ S. 69

3
1. Markus, komm mal schnell.
2. Verzeihung, können Sie mir den Weg zur Post sagen?
3. Märchen, besonders solche mit Feen und Zauberern, regen die Fantasie der Kinder an.
4. Ganz gleich, wir müssen es wenigstens versuchen.
5. Ach, das hatte ich ja ganz vergessen!
6. In dieser Woche, glaube ich, kommen meine französischen Freunde zu Besuch.
7. Die Cartiers wohnen in Kanada, genauer in Quebec.
8. Wir haben schon gegessen, danke.
9. Ja, das hatte ich mir auch schon gedacht.
10. Wir verreisen auch, nur eine Woche später.
11. Dieses Gefühl hatte sich in uns, vielleicht auch nur in mir, von Anfang an festgesetzt.
12. Die inhaltlichen Gegenüberstellungen, Diesseits und Jenseits, Werden und Vergehen, finden ihre Entsprechung in der formalen Gestaltung des Gedichts.

4
1. „Sozial" – dies zeigen Begriffe wie „Sozialpolitik" oder „soziales Verhalten" – hat in der alltagssprachlichen Verwendung des Begriffs etwas mit Hilfsbereitschaft, mit Hilfe für Bedürftige zu tun.
2. Unter Sozialisation verstehen wir die Fähigkeit des Menschen, sich auf gesellschaftliche Normen und Werte einzustellen und sich von ihnen – wenn auch nicht unbedingt widerspruchslos – auch in seinem eigenen Verhalten im Zusammenleben mit anderen leiten zu lassen.
3. Die Familie – selbst nach gesellschaftlichen Regeln organisiert – ist der Ort, an dem uns Wissen über Gesellschaft zuerst und besonders intensiv vermittelt wird.
4. In der Familie werden wesentliche gesellschaftliche Übereinkünfte mit Leben erfüllt – vom „richtigen" Benehmen beim Essen bis hin zu moralischen Prinzipien wie „Gemeinwohl geht vor Eigenwohl".
5. Was wir wissen, wissen auch die anderen – zumindest in den wichtigsten Bereichen – und umgekehrt.

→ S. 70

5
1. Wir haben die Ferien mehrmals im Süden von Spanien verbracht, <u>und zwar</u> in der Nähe von Jerez de la Frontera.
2. Es ist ein kleines Dorf am Meer, <u>genauer</u> vier Kilometer landeinwärts gelegen.
3. Es gibt dort noch wenig Tourismus, <u>zumindest</u> keinen Massentourismus.
4. Wir hatten ein sehr sympathisches Hotel, <u>und das</u>, obwohl wir die einfachste Kategorie gewählt hatten.
5. Das Essen war hervorragend, <u>zumindest</u> wenn man nichts gegen Knoblauch hatte.
6. Alle haben Meer und Strand sehr genossen, <u>besonders</u> die Kinder.
7. Wir werden auch dieses Jahr wieder hinfahren, <u>nämlich</u> Mitte Juli.
8. Allerdings würden wir die Gegend auch gern einmal zu einer anderen Jahreszeit kennen lernen, <u>z.B.</u> im Herbst.

6
1. Die Bahn kommt gleich, in drei Minuten.
2. Wir brauchen wieder Mineralwasser, und zwar dringend.
3. Der beste Campingplatz, schön gelegen und gut ausgestattet, ist der von Aix.
4. Bitte (,) melde uns doch gleich dort an.
5. Die auf Grund ihrer Qualität in der ganzen Welt berühmten belgischen Pralinen sind leider sehr teuer.
6. Der Herbergsvater (,) Herr Pohl (,) zeigte uns die verschiedenen Räume.
7. Der Begriff „Amateur" ist, bedingt durch die Entwicklung der letzten Jahre, umstritten.
8. Siehst du die Frau mit der gelben, rund ausgeschnittenen Bluse?

→ S. 71

7
1. Er kam, sah und siegte.
2. Menschen sind freundlich oder unfreundlich, fordernd oder nachsichtig, umgänglich oder ablehnend und verschlossen.
3. Es wird sich alles, alles wenden.
4. In diesem Laden gibt es nicht nur friesischen, englischen, indischen und kenianischen Tee, sondern auch Gewürze, Räucherstäbchen und Teekannen.
5. Ich möchte aber keine hundert verschiedenen Teesorten, sondern einfach schwarzen Tee in Teebeuteln!
6. Diesmal haben wir weder den Eiffelturm bestiegen noch den Louvre besucht; stattdessen sind wir stundenlang auf dem Friedhof Père-Lachaise spazieren gegangen, wo wir sowohl das Grab Chopins als auch das von Edith Piaf gefunden haben.

8 Wer da glaubte, hatte nichts zu fürchten, und wer da nicht glaubte, aber so tat, als glaubte er, hatte auch nichts zu fürchten, außer sich selbst. Nichts Falsches sagen, lieber gar nichts sagen, nicht auffallen, den Mund nicht zu weit aufmachen, lieber ein Wort zu wenig als eines zu viel.

→ S. 72

9
1. Ich vermute, die meisten Leute wissen ein bisschen über die Indogermanen.
2. Die Indogermanen lebten vor etwa 4 000 Jahren und siedelten zunächst in der Gegend des Schwarzen Meeres.
3. Sie zogen dann in den Iran und nach Indien und weiter nach Europa und Russland und vermischten sich mit den dort lebenden Völkern.
4. Sowohl die Sprachen der indogermanischen Völker sind miteinander verwandt als auch ihre Kultur und Religion.
5. Die Kultur der Indogermanen war geprägt vom Glauben an viele Götter, wir bezeichnen dies als Polytheismus.

10
1. Wenn die Saison vorbei ist und die Touristen fort sind, stehen die Hotels und Restaurants leer.
2. Es gibt keine Industrie, die Arbeitsplätze schafft.
3. Die Menschen, die keine Arbeit haben, gehen in die Städte.
4. Aber auch in den Städten gibt es viele, die in Slums leben, weil sie keine Arbeit haben.
5. Einige finden kleine Jobs, andere leben vom Betteln.
6. Es ist nicht erstaunlich, dass in dieser Situation Alkoholismus und Kriminalität wachsen.

→ S. 73

11 Langsam verloschen die Lichter, bis es ganz dunkel war, und es breitete sich jene erwartungsvolle Spannung aus, die ein Opernhaus erfüllt, kurz bevor die Vorstellung weitergehen soll und der Dirigent auf sein Podium zurückkehrt. Das Stimmengesumm ebbte allmählich ab, die Orchestermusiker rutschten nicht länger auf ihren Stühlen herum und die allgemeine Stille verkündete, dass man bereit war für den dritten Akt. Die Stille dehnte sich, wurde schwer. Aus dem ersten Rang hörte man plötzlich ein Husten, jemand ließ ein Buch oder eine Handtasche fallen, doch die Tür zum Korridor hinter dem Orchestergraben blieb zu.

Die Orchestermusiker waren die Ersten, die leise zu reden anfingen. Ein zweiter Geiger lehnte sich zu der Frau neben ihm hinüber und erkundigte sich, wo sie dieses Jahr ihren Urlaub verbringen wolle. In der zweiten Reihe informierte eine Fagottistin ihre Nachbarin, dass bei Benetton morgen der Schlussverkauf beginne. [...]

12 Es war mir nicht bekannt. (Madagaskar gehört zu den zehn ärmsten Ländern der Welt.)
Dass Madagaskar zu den zehn ärmsten Ländern der Welt gehört, war mir nicht bekannt.
Es stimmt. (Die Armut und Verelendung in den Städten wird dort immer noch größer.)
Dass die Armut und Verelendung in den Städten dort immer noch größer wird, stimmt.
Es ist ein Problem. (Die Bevölkerung wächst sehr schnell.)
Dass die Bevölkerung sehr schnell wächst, ist ein Problem.
Es ist besonders traurig. (Viele Kinder leben auf der Straße und verwahrlosen.)
Dass viele Kinder auf der Straße leben und verwahrlosen, ist besonders traurig.

→ S. 74

13 Die Stadt hat die Absicht, das Sportzentrum zu schließen.
Eine Gruppe von Jugendlichen bemüht sich darum, die Schließung zu verhindern.
Sie denken daran, einzelne Ratsmitglieder persönlich anzusprechen.
Die Jugendlichen wollen noch einen Versuch machen, Sponsoren zu finden.
Sie halten es für möglich, von einigen lokalen Unternehmen eine finanzielle Unterstützung zu bekommen.
Auch haben sie sich darum bemüht, das Thema noch einmal auf die Tagesordnung zu bringen.
Einige sind dafür, bei der entsprechenden Ratssitzung mit einem lauten Sprechchor aufzutreten.
Jetzt schon aufzugeben, das kommt für sie jedenfalls nicht in Frage.

14 Ich hoffe jeden Tag, im Meer baden zu können.
Ich hoffe, jeden Tag im Meer baden zu können.
Wir empfehlen ihm, das Geld zurückzugeben.
Wir empfehlen, ihm das Geld zurückzugeben.
Sie verabreden sich, um elf Uhr Fußball zu spielen.
Sie verabreden sich um elf Uhr, Fußball zu spielen.
Er hatte den Vertrag leider, ohne ihn vorher genau zu lesen, sofort unterschrieben.
Er hatte den Vertrag, leider ohne ihn vorher genau zu lesen, sofort unterschrieben.

→ S. 75

15

	Beispielsätze		Kommaregeln			
1	Herr Süskind, Sie sind ein literarisches Genie!	a	Eine Infinitivgruppe wird durch ein Komma abgetrennt, wenn sie von einem hinweisenden Wort abhängt.	1	→	*k*
2	Patrick Süskinds Vater war Schriftsteller, sein Bruder arbeitete als Journalist.	b	Nachgestellte genauere Bestimmungen (Appositionen) werden durch Kommas abgetrennt.	2	→	*f*
3	Die Presse schreckte nicht davor zurück, Süskind auch hart zu kritisieren.	c	Gleichrangige Sätze, die durch „und" bzw. „oder" verbunden sind, müssen nicht durch ein Komma getrennt werden.	3	→	*a*
4	Süskind gewährt Journalisten kaum einen Einblick in sein Privatleben, sodass kaum etwas über sein Leben bekannt ist.	d	Ein Komma steht zwischen Aufzählungen, wenn diese nicht durch Konjunktionen verbunden sind.	4	→	*g*
5	Süskind, der bekannte Autor, wird verachtet und verehrt.	e	Ein Komma steht vor entgegensetzenden Konjunktionen.	5	→	*b*
6	Süskinds Werke sind häufiger übersetzt worden, als man glauben möchte.	f	Ein Komma steht zwischen den unverbundenen Bestandteilen einer Satzreihe.	6	→	*j*
7	Die Leserschaft bedauert, dass von Süskind kaum Fotos vorhanden sind und dass er für keine Skandale sorgt.	g	Ein Komma steht zwischen Haupt- und Nebensätzen.	7	→	*c*
8	Süskinds Novelle, von der Presse sehr gelobt, trägt den Namen „Die Geschichte von Herrn Sommer".	h	Ein Komma trennt die nachgestellte Partizipgruppe vom übergeordneten Satz.	8	→	*h*

9	Süskind schrieb u. a. „Die Taube“, „Der Kontrabass“, „Das Parfum“ und „Drei Geschichten und eine Betrachtung“.	i Ein Komma trennt nachgestellte Erläuterungen mit Signalwort vom Rest des Satzes ab.	9	→	*d*
10	Zuweilen, d. h. in den meisten Fällen, liest ein Schüler zumindest ein Werk von Süskind im Unterricht.	j Ein Nebensatz wird durch ein Komma abgetrennt.	10	→	*i*
11	Süskind ist nicht Maler, sondern Schriftsteller.	k Anreden und Ausrufe werden durch ein Komma abgetrennt.	11	→	*e*

4.4 Grammatik im Textzusammenhang

→ S. 76

1 A Die Wirkung <u>*des wichtigen Ereignisses*</u> bleibt zunächst oft verborgen.
B Die Wirkung <u>*eines wichtigen Ereignisses*</u> bleibt zunächst oft verborgen.
C Die Wirkung <u>*der wichtigen Ereignisse*</u> bleibt zunächst oft verborgen.
D Die Wirkung <u>*wichtiger Ereignisse*</u> bleibt zunächst oft verborgen.

2 Der Montblanc gehört zu den Alpen, ein**em** der größten Bergmassive Europas.
Am Kölner Dom, ein**em** der wenig**en** erhalten**en** gotisch**en** Großbauten, wird seit Jahrhunderten weitergebaut.
Die Kernspintomografie nutzt die Möglichkeiten neueste**r** bildgebende**r** Verfahren.
Die Aufgabe all**er** Beteiligt**en** ist der termingerechte Abschluss des Projekts.

3

		Kongruenz: richtig	falsch
Ein Großteil der Drogen, die in Deutschland konsumiert werden, kommen aus Afghanistan.			
Subjekt: *Großteil (Sg.)*	→ Prädikat: *kommen (Pl.)*		x
Schon kommt die Vorsitzende und ihr Stellvertreter.			
Subjekt: *Vorsitzende/Stellvertreter (Pl.)*	→ Prädikat: *kommt (Sg.)*		x
Eine ganze Reihe hatten den Sinn der Rede anders verstanden.			
Subjekt: *Reihe (Sg.)*	→ Prädikat: *hatten (Pl.)*		x
Nur ein Prozent der Teilnehmer haben das Angebot eines verbilligten Intensivkurses wahrgenommen.			
Subjekt: *ein Prozent (Sg.)*	→ Prädikat: *haben (Pl.)*		x

→ S. 77

4 **a** und **b**
Clever und Smart wollen einen Stein aus einer Mauer ziehen. Sie verankern ein Seil an dem (Stein) und binden es an ein Motorrad, das von Clever gefahren wird. Smart sitzt hinten auf dem zweiten Sitz und verspricht, Bescheid zu sagen, wenn (er) sich lockert.

5 Das lyrische Ich steht sehr unter dem Eindruck der Naturphänomene. <u>Er</u> fühlt sich befreit.
Das lyrische Ich steht sehr unter dem Eindruck der Naturphänomene. ***Es*** *fühlt sich befreit.*

Das Ehepaar hat versucht, durch eine Reise <u>ihre</u> Beziehung zu retten.
Das Ehepaar hat versucht, durch eine Reise ***seine*** *Beziehung zu retten.*

Man kann hier eine Antithese erkennen, <u>wo</u> sich meine nächste Überlegung anschließt.
Man kann hier eine Antithese erkennen, ***an die*** *sich meine nächste Überlegung anschließt.*

Diese Äußerung verdeutlicht das Problem, <u>was</u> in dieser Geschichte im Mittelpunkt steht.
Diese Äußerung verdeutlicht das Problem, ***das*** *in dieser Geschichte im Mittelpunkt steht.*

Am Montag, <u>der</u> 12. Januar, soll es losgehen.
Am Montag, ***dem*** *12. Januar, soll es losgehen.*

→ S. 78

6
- x Die Kursteilnehmer waren noch sehr aufmerksam, trotzdem es die sechste Stunde war.
- Wir mussten die Klasse räumen, denn die Decke war schadhaft.
- x Wir sind froh, weil nun ist alles vorbei.
- Die Klausur war gut ausgefallen, obwohl der Stoff nicht lange geübt worden war.
- x Wir sind erleichtert, weil es hat keine Verletzten gegeben.
- Der Spieler hatte einen Trainingsrückstand; trotzdem kam er in die Mannschaft.
- x Heute kann der Spieler nicht eingesetzt werden, weil er hat sich verletzt.
- x Die zweite Halbzeit wurde angepfiffen, trotzdem es sehr stark regnete.

Die Kursteilnehmer waren noch sehr aufmerksam, ***obwohl*** *es die sechste Stunde war.*
Wir sind froh, ***denn*** *nun ist alles vorbei.*
Wir sind erleichtert, ***denn*** *es hat keine Verletzten gegeben.*
Heute kann der Spieler nicht eingesetzt werden, ***denn*** *er hat sich verletzt.*
Die zweite Halbzeit wurde angepfiffen, ***obwohl*** *es stark regnete.*

→ S. 80

7 *Regel 1: In der indirekten Rede wird Konjunktiv I gesetzt [...].*
Regel 2: Nur wenn Formengleichheit mit dem Indikativ besteht, wird Konjunktiv II verwendet [...]. Das kann der Fall sein in der ersten Person Singular, in der ersten Person Plural und in der dritten Person Plural.
Regel 3: Man muss also bei dem Verb „sein" nie auf Regel 2 zurückgreifen.

8 In der indirekten Rede wird der Konjunktiv I
- immer
- immer bei Singularformen des Verbs
- x in den meisten Fällen
- x immer beim Verb „sein"

verwendet.

In der indirekten Rede wird der Konjunktiv II verwendet,
- wenn es von diesem Verb keine Konjunktiv-I-Form gibt.
- x wenn der Konjunktiv I sich nicht von der entsprechenden Indikativform unterscheidet.
- wenn etwas als unwahrscheinlich dargestellt werden soll.
- x oft dann, wenn das Verb in der ersten und dritten Person Plural steht.

→ S. 81

9

Verbform der direkten Rede	Konjunktiv der indirekten Rede	Verbform der direkten Rede	Konjunktiv der indirekten Rede
die Leute setzen	*setzten*	sie gebrauchen	*gebrauchten*
sie hatte	*habe gehabt*	sie ist gegangen	*sei gegangen*
er hat gesagt	*habe gesagt*	sie haben widersprochen	*hätten widersprochen*
sie identifizieren	*identifizierten*	sie reagieren	*reagierten*
er ist unglücklich	*sei unglücklich*	ich habe Hunger	*hätte Hunger*

10 Der Konjunktiv I wird gebildet, indem man

- [ ] ein a der Indikativform in ein ä, ein u in ein ü oder ein o in ein ö verwandelt.
- [x] von der Infinitivform das Endungs-e wegstreicht und die entsprechende Personalendung anfügt.
- [ ] zu der normalen Verbform ein „sei", „seist" oder „seien" hinzufügt.
- [ ] alles in Anführungszeichen setzt.

Der Konjunktiv II wird gebildet, indem man

- [ ] zu jedem Verb ein „wäre/n" oder „hätte/n" hinzufügt.
- [ ] die Präteritumform wählt und a, o, u in ä, ö, ü verwandelt.
- [x] die Präteritumform wählt und bei starken Verben a, o, u in ä, ö, ü verwandelt.
- [ ] die Verbform des Präsens nimmt und dann a, o, u in ä, ö, ü verwandelt.

→ S. 82

12 Durch die Krankheit musste sie die Klausur nachschreiben. *Wegen der …*
Durch das schlechte Wetter musste das Spiel ausfallen. *Infolge des schlechten Wetters …*
Durch einen Rollstuhl konnte er das Haus wieder verlassen. *Mit Hilfe eines Rollstuhls …*
Durch eine Steuerfahndung kam alles heraus. *Im Zusammenhang mit einer …*

13 ~~Auf~~ kurz oder lang war mit dieser Katastrophe zu rechnen. *Über kurz oder lang …*
Die Kritik ~~gegen~~ dieses Verhalten ist nachvollziehbar. *Die Kritik an diesem Verhalten …*
Gestern hat sie sich ~~über~~ alles erfreut. *… an allem erfreut.*
Ein Vergleich ~~von~~ München zu Hamburg zeigt das. *Ein Vergleich zwischen …*
Er freut sich ~~an~~ der Note. *Er freut sich über …*
Die Unzufriedenheit ~~über~~ diese Zustände hat zugenommen. *Die Unzufriedenheit mit diesen …*
Diesen Begriff kann man ~~für~~ diesen Sachverhalt anwenden. *… auf diesen Sachverhalt anwenden.*

14

gewöhnt	*an*	resultieren	*aus*	Bedürfnis	*nach*	Interesse	*an*
geeignet	*für*	provozieren	*zu*	Überfluss	*an*	Respekt	*vor*
erstaunt	*über*	spekulieren	*auf*	Analogie	*zu*	Kritik	*an*
vertraut	*mit*	ableiten	*aus/von*	Ähnlichkeit	*mit*	Verständnis	*für*
inspiriert	*von*	anspielen	*auf*	Anzeichen	*für*		
grausam	*gegen*			Konsequenz	*aus*		
bedacht	*auf*			Zugang	*zu*		
interessiert	*an*			Appell	*an/gegen*		

→ S. 83

15 Das liegt außerhalb *meines Vorstellungsvermögens.*
Trotz seinem Widerstand muss sich der Präsident geschlagen geben. [ ] richtig [x] falsch
*Richtig: Trotz **seines Widerstands** muss sich der Präsident geschlagen geben.*

16 **Übersicht über die Kasusrektion der Präpositionen:**
mit Genitiv: abseits, abzüglich, angesichts, anhand, anlässlich, anstatt, anstelle, auf Grund, außer, außerhalb, bar, bezüglich, binnen, dank, diesseits, einschließlich, in Folge, inklusive, inmitten, innerhalb, jenseits, kraft, längs, laut, mangels, mittels, nördlich, oberhalb, seitens, seitlich, statt, trotz *(eigentlich mit Dativ; heute meist mit Genitiv)*, unbeschadet, ungeachtet, unfern, unterhalb, unweit, vermöge, während, wegen, zeit, zufolge *(nachgestellt mit Dativ)*, zu (Un)Gunsten, zuzüglich, zwecks

mit Dativ: ab, aus, außer, bei, bis, entgegen, entsprechend, gegenüber, gemäß, hinter, in, mit, nach, nahe, neben, samt, über, von, zu, zuliebe, zuwider

mit Dativ des Ortes, aber Akkusativ der Richtung: an, auf, unter, vor, zwischen

mit Akkusativ: durch, gegen, für, ohne, seit, um, wider, entlang *(nachgestellt)*

17
1. Der Hauptbahnhof liegt gegenüber **dem** Dom.
2. Eltern haben bezüglich **der** gesellschaftlichen Konventionen oft unterschiedliche Vorstellungen.
3. Auf Grund **dieses** fahrlässigen **Handelns** wird ihm nun bewusst, dass er Schuld auf sich geladen hat.
4. Trotz **der** Ermahnungen der Mutter ändert Clara ihr Verhalten nicht.
5. Die Erschießung Crampas' erfolgt ohne **jegliche Gefühle** von Hass und Rache.

→ S. 84

18

1.	Bäcker ***backten*** die Brote früher von Hand.	(backen)
2.	Das Argument ***bewog*** ihn, seine Meinung zu ändern.	(bewegen)
3.	Der Fels ***barst*** unter dem Druck.	(bersten)
4.	Sie hörte dies und ***erbleichte***.	(erbleichen)
5.	Die Pflanze ***gedieh*** im vergangenen Sommer prächtig.	(gedeihen)
6.	Merlin hat das Unheil ***geweissagt***.	(weissagen)
7.	Hemden gehören über Nacht auf einen Bügel ***gehängt***.	(hängen)
8.	Gestern hat der Schlüssel noch da ***gehangen***.	(hängen)
9.	Am Anfang ***schuf*** der Herr Himmel und Erde.	(schaffen)
10.	Ich ***schaffte*** es nie, ihm zu verzeihen.	(schaffen)
11.	Der Schnupfen quälte ihn, er hat oft ***geniest***.	(niesen)

4.5 Stil und Ausdruck

→ S. 85

1 In einer der ersten Szenen ist Emilia in einer Kirche am Beten.
In einer der ersten Szenen betet Emilia gerade in einer Kirche.
Kaum ist Emilia aus der Kirche raus, nimmt das Unheil seinen Lauf.
Kaum hat Emilia die Kirche verlassen, …
Nach dem Anschlag auf ihren Bräutigam soll Emilia zu dem Fürsten rübergebracht werden.
Nach dem Anschlag auf ihren Bräutigam soll Emilia zu dem Fürsten hinübergebracht werden.
Die Gräfin Orsina ist mit Marinelli heftig am Streiten, während der Prinz sich in seinen Gemächern aufhält.
Die Gräfin Orsina streitet heftig mit Marinelli, …
Als Odoardo Galotti im Schloss auf den Prinzen trifft, würde er am liebsten draufhauen;
aber er kriegt sich noch einmal ein.
Als Odoardo Galotti im Schloss auf den Prinzen trifft, würde er diesen am liebsten niederstechen/erdolchen,
aber er beherrscht sich.
Am Ende macht er Schluss mit seiner eigenen Tochter.
Am Ende tötet er seine eigene Tochter.

→ S. 86

2

dichterisch:	göttergleich seine Bahnen ziehen, *Odem*
gehoben:	exzeptionell, eilen, *plagiieren, entwenden, zitieren*
normal / schriftsprachlich:	fragen, sich erkundigen, *sich die Nase putzen, stehlen*
umgangssprachlich:	toll, super, *etwas mit jemandem haben, mitgehen lassen*
salopp / jargonhaft:	geil, abartig, *Schotter, mopsen, krallen, abstauben, klauen*

3

schimpfen	~~jemanden anmachen~~	sich prügeln	darauf
erschöpft	~~echt (im Sinne von „sehr")~~	~~sich kloppen~~	~~motzen~~
wahrnehmen	jemanden schelten	Kamerad	sich zulegen
~~Kumpan~~	in besonderer Weise	~~umnieten~~	~~gucken~~
~~groggy~~	~~fertig (im Sinne von „abgespannt")~~	~~drauf~~	~~Geilheit~~
erschießen	Begehren	erwerben	kaufen

4 quatschen	*sprechen, reden, unterhalten*
verknallt sein	*verliebt sein*
ein Gefühl rüberbringen	*ein Gefühl ausdrücken*
das macht ihm nichts	*das berührt ihn nicht*
auf den Putz hauen	*sich lautstark beschweren*

→ S. 87

5 Nach dem heimlichen Zuflüstern von Liebesworten in der Kirche durch den Prinzen kommt Emilia in einen Zustand leichter Verwirrung.
In der Kirche flüstert der Prinz Emilia heimlich Liebesworte zu; dadurch ist sie anschließend etwas verwirrt.
Der Tod des Grafen Appiani erfolgt als Resultat der skrupellosen Umsetzung der geheimen Wünsche des Fürsten durch den Kammerherrn Marinelli.
Der Kammerherr Marinelli setzt die geheimen Wünsche des Prinzen skrupellos um. Die Folge ist, dass Graf Appiani sterben muss.
Der kunstvolle Aufbau der Handlung des Theaterstücks durch G.E. Lessing macht das Werk zu einem Höhepunkt in der Entwicklung des Dramas in Deutschland.
G.E. Lessing hat die Handlung des Theaterstücks kunstvoll aufgebaut; in der Entwicklung des deutschen Dramas ist das Werk daher ein Höhepunkt.

6 Das Drama „Emilia Galotti" wurde 1772 ~~erstmals~~ uraufgeführt.
Faber kennt Ivy fast gar nicht, geschweige denn hat er ~~kaum~~ ihren Charakter begriffen.
Die Ausstattung dieses Autos ist ~~viel~~ optimal~~er~~.
Die einzige Figur in diesem Roman, die aus der Frosch- und Vogelperspektive alles durchschaut, ist ~~alleine~~ Oskar Matzerath.

7 In Klasse 9 war er es ~~irgendwie~~ leid, von seinen Mitschülern immer nur als Streber angesehen zu werden.
Emilia ist in diesem Stück ~~sozusagen~~ das unschuldige Opfer.

4.7 Die Textkohärenz verbessern

→ S. 92

5 Logische Option	Redewendungen zur Satzeinleitung
temporal	*Zur gleichen Zeit ..., Nach einiger Zeit ..., Über kurz oder lang ..., Zu Beginn der/des ..., Binnen kurzem ..., Bis 1999 ..., Einige Zeit später ..., Zu guter Letzt ..., Wenig später ..., Vor dieser Zeit ..., In dieser Phase ..., Nach einigen Tagen ..., Ab etwa 1980 ..., Innerhalb von (zwei Stunden) ..., Zeit seines Lebens ...*
kausal	*Aus diesem Grund ..., Vor lauter (Angst) ..., Wegen dieses Ereignisses ..., Dank dieser ...*
modal	*Mit seiner/ihrer Hilfe ..., Auf diese Weise ..., Unter diesen Umständen ..., Bei dieser Sachlage ...*
final	*Mit dieser Absicht ..., Zu diesem Zweck ...*
konditional	*Für den Fall, dass ..., Unter dieser Voraussetzung ...*
kopulativ	*Hinzu kommt, dass ..., Von Bedeutung ist auch, dass ...*
konzessiv	*Trotz allem ..., Selbst angesichts dieser Sachlage ...*
konsekutiv	*Das hatte zur Konsequenz, dass ..., Daraus ergibt sich, dass ..., Nach alledem ...*

→ S. 94

9 zum Beispiel:

Die Studiengebühren sollten abgeschafft werden. Als Begründung für diese These lässt sich anführen, dass Studiengebühren eine Benachteiligung für Studentinnen und Studenten aus weniger begüterten Familien bedeuten. Ich stütze mich dabei auf die Tatsache, dass es vielen Familien, auch Familien mit mittlerem Einkommen, schwerfällt, zusätzliches Geld für die Ausbildung ihrer Kinder aufzubringen. Das führt in der Konsequenz dann dazu, dass Kinder aus gut verdienenden Haushalten sich in der Regel ganz auf ihr Studium konzentrieren können, während ärmere Studentinnen und Studenten Geld verdienen müssen, um sich ihr Studium zu finanzieren. Da nicht auszuschließen ist, dass sich dieser Zeitverlust auch in den Noten niederschlägt, bin ich der Meinung, dass alle Studentinnen und Studenten, zumindest finanziell, die gleichen Bedingungen haben sollten.

Texte, Themen und Strukturen

Vertiefungsfach Deutsch

Arbeitsheft mit Lösungen

Einführungsphase gymnasiale Oberstufe Nordrhein-Westfalen

Herausgegeben von
Bernd Schurf und
Andrea Wagener

Erarbeitet von
Gerd Brenner

Cornelsen

Vorwort

Eine Chance für einen Neustart bieten Ihnen – nach den Jahren der Mittelstufe – die Vertiefungskurse der Sekundarstufe II.
Nach Abschluss der Sekundarstufe I erhalten Sie die Möglichkeit, zentrale fachliche Fähigkeiten noch einmal zu überprüfen und zu trainieren. In der Qualifikationsphase vor dem Abitur (Klassenstufen 11 und 12) werden diese grundlegenden Fähigkeiten von Ihnen erwartet; sie können dann nicht mehr regelmäßig geübt werden. In den Vertiefungskursen können Sie sich vergewissern, was Sie aus früheren Schuljahren alles mitgebracht haben und weiterhin beherrschen.
Zugleich können Sie aber auch in Bereichen, in denen Sie sich unsicher fühlen, „nachtanken“, um für die Qualifikationsphase gewappnet zu sein.

In Vertiefungskursen – und auch in diesem Heft – geht es nicht darum, neuen „Stoff durchzunehmen“. Vielmehr finden Sie Zeit und systematische Hilfen, sich in wesentlichen Kompetenzfeldern des Faches Deutsch auf einen Stand zu bringen, der einen erfolgreichen Weg zum Abitur möglich macht. Im Fach Deutsch festigen Sie dabei Fähigkeiten und Kenntnisse, die außer für Klausuren in diesem Fach auch für den Klausurerfolg in anderen Fächern wichtig sind; denn auch in Geschichte, Religion, Philosophie, Sozialwissenschaften, Pädagogik usw. haben Sie Texte zu analysieren und in einer sprachlich angemessenen Weise Stellungnahmen zu formulieren. Dazu sind grundlegende sprachliche Fähigkeiten notwendig. Mit den Übungsangeboten dieses Heftes erhalten Sie in den genannten Kompetenzbereichen eine gezielte Unterstützung.

1 Lesestrategien nutzen – Sachtextanalyse

1.1 Die Fünf-Schritt-Lesemethode – Eine Selbstdiagnose

1 Lesen Sie sich die einzelnen Arbeitsschritte der Fünf-Schritt-Lesemethode durch.
Kreuzen Sie anschließend die Arbeitsschritte an, in denen Sie sich Ihrer Meinung nach verbessern müssen.

1. Schritt: Den Text überfliegen

- Sie erfassen das **Thema des Textes,** indem Sie Titel, ggf. Untertitel und Vorspann aufeinander beziehen.
- Aussageschwerpunkte sind häufig kenntlich gemacht durch Zwischenüberschriften, typografische Hervorhebungen, Randbemerkungen, Grafiken oder Ähnliches.
- Besonders interessant sind meist der erste Abschnitt (Orientierung) und der letzte Abschnitt (Fazit, Zusammenfassung) eines Textes.

2. Schritt: Fragen an den Text stellen und Vorwissen aktivieren

- Schaffen Sie einen **eigenen Erwartungshorizont,** indem Sie sich Ihr Vorwissen zum Thema in Erinnerung rufen (z. B. in einem Cluster).
- Fragen können ausgelöst werden: durch Ihren ersten Eindruck von dem Text, durch Ihr Vorwissen (je mehr Sie bereits wissen, desto differenzierter werden Ihre Fragen sein) sowie durch Leseabsicht/-interesse. Je nach persönlicher Leseabsicht werden Sie mehr oder weniger gezielte Fragen stellen können.

3. Schritt: Den Text gründlich und „aktiv" lesen

- Lesen Sie den Text **mit einem Stift in der Hand.**
- Markieren Sie wichtige Daten (Zeit, Ort, Personen), zentrale Aussagen und Schlüsselwörter, ggf. Beispiele oder Erläuterungen möglichst unterschiedlich.
- **Wichtig:** Markieren Sie gezielt und möglichst sparsam – sonst verfehlt die Markierung ihren Zweck als Hervorhebung.

4. Schritt: Den Text abschnittweise gedanklich verarbeiten

- Versuchen Sie, unklare Stellen zu **verstehen.**
- Gliedern Sie die Textaussagen und fassen Sie diese sowie Teilaussagen am Rand in eigenen Worten zusammen.
- Visualisieren Sie logische Zusammenhänge und die gedankliche Struktur des Textes, z. B. in einem Flussdiagramm oder Ähnlichem (► S. 11).

5. Schritt: Den gesamten Text auswerten und einordnen

- Machen Sie sich die wichtigsten Aussagen des Textes in ihrem Zusammenhang bewusst.
- Stellen Sie eine **kritische Distanz** zur Textaussage her, indem Sie diese mit Ihrem Vorwissen und Ihrem Erwartungshorizont in Beziehung setzen. Dann können Sie den Text abschließend bewerten. Maßstab der **Bewertung** ist Ihre Leseintention: Hat der Text neue Einsichten oder Fragen eröffnet, ist etwas offengeblieben?

1.2 Hilfsmittel nutzen – Das Wörterbuch

Wörterbücher können Ihnen eine große Hilfe sein, wenn Sie das Informationspotenzial, das in ihnen steckt, systematisch und professionell nutzen. Besonders während Klausuren steht Ihnen meist keine andere Informationsquelle als das Wörterbuch zur Verfügung.

1 Kreuzen Sie in der folgenden Übersicht an, wie intensiv Sie in letzter Zeit die verschiedenen Möglichkeiten, die Ihnen ein Wörterbuch bietet, ausgeschöpft haben.

Nutzungsmöglichkeiten	Tipp	Ich habe das Wörterbuch genutzt		
		nie	selten	oft
Rechtschreibung optimieren	Einige Ausgaben von Wörterbüchern, z. B. die neueren Ausgaben des Duden, enthalten Infokästen, in denen besondere Schwierigkeiten der deutschen Rechtschreibung übersichtlich dargestellt sind. ■ Nehmen Sie einen **eigenen** Duden oder ein vergleichbares Wörterbuch mit in die Klausur. ■ Hinterlegen Sie zu Hause an **den** Stellen markierte Lesezeichen, die Ihnen in der Klausur helfen, Ihre persönlichen Fehlerschwerpunkte schnell und gezielt anzugehen. ■ Nutzen Sie ebenso die kurzen Übersichten zur Getrennt- und Zusammenschreibung, zur Groß- und Kleinschreibung und zum Problem „ss/ß“ im Einleitungsteil des Duden.			
Zeichensetzung verbessern	■ Legen Sie sich ein Lesezeichen an die Stelle, wo Sie Regeln zur Zeichensetzung finden. Eine hilfreiche Übersicht über die Kommaregeln finden Sie im Einleitungsteil des Duden. ■ Regeln, die Sie oft verletzen oder bei deren Anwendung Sie besonders unsicher sind, können Sie im Erklärungsteil des Wörterbuchs markieren, damit Sie entsprechende Sachverhalte schnell klären können.			
Informationen über die Bedeutung von Wörtern einholen	Ein Wörterbuch zur Rechtschreibung ist zwar kein Lexikon, Sie können es aber z. T. dennoch so nutzen. Zu vielen Wörtern finden Sie im Duden z. B. Bedeutungserläuterungen. ■ Nutzen Sie das Wörterbuch, um die Bedeutung von Fremdwörtern zu klären, die Ihnen nicht (ganz) geläufig sind. ■ Klären Sie mit Hilfe des Wörterbuchs auch die Bedeutung von Fachbegriffen ab (z. B. „Metapher“ oder „Symbol“), bei deren Verwendung Sie unsicher sind.			
Grammatische Fragen klären	Heißt es „das Apostroph“ oder „der Apostroph“? Auch solche grammatischen Unsicherheiten können Sie mit Hilfe eines Wörterbuches überwinden. ■ Klären Sie bei schwierigen Wörtern das Genus ab. (Nach jedem Nomen/Substantiv finden Sie im Duden den bestimmten Artikel.) ■ Klären Sie evtl. auch schwierige Genitive oder Pluralformen. (Nach der Genusangabe folgen im Duden bei jedem Nomen/Substantiv die Genitiv-Singular- und die Plural-Endungen.)			

Eine Stilanalyse bewältigen

Bei der Sachtextanalyse, aber auch bei der Interpretation literarischer Texte können Sie oft Punkte sammeln, wenn Sie den Stil eines Textes gründlich analysieren. Ein Wörterbuch zur Rechtschreibung ist zwar kein Stilwörterbuch, es enthält aber trotzdem wichtige Angaben zur Stilschicht, der bestimmte Wörter zugeordnet werden.

- Sehen Sie nach, welche Angaben zur Stilschicht das Wörterbuch im Hinblick auf Wörter enthält, die Ihnen in dem Text, den Sie bearbeiten sollen, stilistisch besonders auffallen. (Dabei steht z. B. „ugs." für „umgangssprachlich", „geh." für „gehoben", „mdal." bedeutet „mundartlich" und „fachspr." steht für „fachsprachlich". Andere Wörter kennzeichnet der Duden als „derb" oder „veraltet".)
- Nutzen Sie auch Angaben, die einzelne Wörter bestimmten Sondersprachen zuordnen (im Duden z. B. „Jägerspr.", „Jugendspr.", „Schülerspr.", „Seemannsspr.", „Sportspr." oder „Werbespr.").
- Nutzen Sie ebenso die Angaben zur Herkunft von Wörtern (z. B. „lat." für „aus dem Lateinischen"), um den Stil eines Textes zu charakterisieren.

Alle diese Angaben aus dem Wörterbuch können Sie unter Angabe der Quelle auf vorbereiteten Notizzetteln zitieren und für Ihre Analyse zurücklegen. Sie haben dann schon brauchbares und abgesichertes Material.

Die Aussageabsicht eines Textes klären helfen

Wörterbücher wie der Duden geben Ihnen auch Hinweise zur Intention von Texten.

- Schlagen Sie dazu einzelne Wörter nach, die für Sie in besonderer Weise Aussageabsichten transportieren.
- Notieren Sie, wenn Sie Angaben wie „abwertend" (im Duden z. B. bei dem Wort „Apparatschik") oder „verhüllend" (z. B. für „Engelmacher") finden, und entwickeln Sie daraus evtl. übergreifende Thesen zur Aussageabsicht des Textes.

<u>Tipp:</u> Viele Arbeitstische sind in Klausuren mit Trinkpäckchen, Süßigkeiten und Butterbrotdosen, z. T. auch mit Maskottchen so zugestellt, dass für wichtige Arbeitsmittel kaum Platz bleibt. Entlasten Sie Ihren Tisch so, dass Sie auf Ihrer Arbeitsplatte wichtige Arbeitsmittel wie Schreibpapier, Arbeitsblatt und verschiedene Notizzettel nebeneinander anordnen können. Nur so können Sie zügig und systematisch verteilt an verschiedenen Stellen Notizen machen.
Es ist ärgerlich, wenn während einer Klausur Ihr Füller leer wird und Sie keine Ersatzpatrone mitgenommen haben. Sorgen Sie dafür, dass Sie mit den wichtigsten Schreib- und Markierungsutensilien ausreichend versorgt sind, wenn die Klausur beginnt.

1.3 Einen Sachtext verstehen und erörtern

1 Stellen Sie sich vor, Sie sollen die folgenden Aufgabenstellungen bearbeiten:

1. Stellen Sie die zentralen Aussagen des Textes von Christine Holch in ihrem gedanklichen Zusammenhang dar.
2. Erörtern Sie die Frage, ob Jugendliche vor Gericht anders behandelt werden sollten als Erwachsene.

2 Lesen Sie den Text. Bearbeiten Sie anschließend Schritt für Schritt die Aufgaben auf den Seiten 9 bis 16.

Christine Holch: **Die Kleinen vorneweg**

BREMEN. – Achmed ist ein kleiner, fünfzehnjähriger Pummel. Die Leute nennen ihn gern „niedlich“. Bis sie ihn näher kennen lernen: Wer ihn beim Stehlen stellt und festhält, muss schon mit einem Kopfstoß gegen die Vorderzähne rechnen. Er gilt bei der Polizei als gewalttätig, aber zugleich als anlehnungsbedürftig.

Nachmittags trifft sich Achmed mit rund dreißig anderen Jungs in Bremens Einkaufsmeile, der Obernstraße. Dann gehen sie „spazieren“: Sie stürmen in Zeitungsläden und Boutiquen, einer lenkt den Verkäufer ab, ein anderer schnappt sich derweil die Kasse. Meist werden die Kleinen vorgeschickt, die unter vierzehn, weil sie noch strafunmündig sind. Bleibt der Verkäufer unbeirrt bei der Kasse stehen, zünden sie schon mal einen Zeitungsständer an. Hinterher schmeißen die Jungs ein Essen bei McDonald's für die ganze Gang, fahren mit dem Taxi ins niedersächsische Umland oder kaufen sich teure „Raiders“-Jacken.

Die Polizei kennt das Problem seit 1989, als Achmed und die anderen Jungs mit ihren Familien aus Beirut nach Deutschland flohen. Sie sind Kurden, vor Jahrzehnten aus Syrien illegal in den Libanon eingereist. Dort haben sie sich ohne Arbeitserlaubnis als Tagelöhner und Händler durchgeschlagen.

Was der Krieg mit den Kindern gemacht hat, weiß niemand. In Bremen schwänzen sie oft die Schule und stromern durch die Stadt. Dann führt der Schulermittlungsdienst lange Gespräche mit den Eltern. Ansonsten hat die Polizei mit den Jungs zu tun, meist folgenlos: Die Delinquenten sind in der Regel zu jung, als dass man sie gerichtlich belangen könnte.

Unlängst platzte den Bremer Geschäftsleuten der Kragen: Sie wandten sich hilfesuchend an den Innensenator. Prompt titelte die Lokalzeitung *Weserkurier*: „Jugendbanden terrorisieren Innenstadt-Geschäfte“. In einem Interview fragte sie den Senator, ob nicht „Heranwachsende, die mehrfach straffällig geworden sind, ausgewiesen werden können“. Selbst ein Leser der lokalen *taz*-Ausgabe wünschte sich, dass „diese Kids einmal kräftig eins auf die Hörner kriegen“.

Der liberale Innensenator Friedrich van Nispen gibt den Druck weiter: Eine neu eingerichtete „Ermittlungsgruppe Intensivtäter“ stellt per Computer eine Liste von besonders häufig verdächtigten Jugendlichen zusammen. Die Streifenpolizisten greifen sie in der Innenstadt auf und bringen die Halbwüchsigen einen nach dem anderen vor den Richtertisch. Die Staatsanwälte beantragen regelmäßig Untersuchungshaft. Sie berufen sich dabei auf die prallvollen Mappen mit Verdächtigungen, die ihnen die „Ermittlungsgruppe Intensivtäter“ liefert. „Die Staatsanwaltschaft steht unter politischem Druck, die Sache mit den Kurden zu beenden“, klagt ein Jugendrichter.

Das SPD-geführte Sozialressort duckt sich währenddessen. „Das ist keine von unseren Pflichtaufgaben“, heißt es; die kurdischen Familien seien nicht als Asylbewerber anerkannt, nur geduldet. Das Kinder- und Jugendhilfegesetz verbiete jedoch eine Einzelfallbetreuung von Menschen, die nur geduldet sind. Geld habe man ohnehin nicht, im Gegenteil: Die 60 festen Mitarbeiter der ambulanten Jugendhilfe müssten demnächst auf 45 reduziert werden. „Wenn wir hier tätig werden sollen, muss das politisch gewollt sein“, heißt es unter der Hand. Schließlich will man sich nicht vom gestrengen Finanzsenator „Luxusförderung“ vorwerfen lassen. Der hat dem Ampelsenat[1] gerade mal wieder Nachsitzen beim Sparen verordnet.

Mancher findet die Aufregung ohnehin übertrieben. „Das Thema ist doch in der Öffentlichkeit hochgekocht“, sagt ein Referent im Sozialressort, „Kinder- und Jugendbanden hat es immer gegeben“. Überhaupt sei das keine professionelle kriminelle Bande, sondern eine lose Jugendclique, die eben „mal Scheiße baut“. Kriminalität bei männlichen Jugendlichen sei normal und gehe vorüber.

Jugendrichter Ernst von Schönfeldt ärgert sich besonders über das plötzliche Strafbedürfnis der Öffentlichkeit: „Soll ich Kinder in U-Haft sperren, wo schwere Jungs sitzen, wo es Drogen gibt? Wir sind doch nicht der Büttel für jahrelang versäumte Sozialarbeit.“ Eigentlich vermeide man Haft für Vierzehn- bis Sechzehnjährige, wenn irgend möglich.

1 **Ampelsenat:** Eine von SPD, FDP und Grünen getragene Regierung in einem Stadtstaat. Die Parteifarben entsprechen den Farben einer Ampel.

Der Geschäftsführer von coop, der mehr Schaden angerichtet habe als alle Diebe Deutschlands in einem Jahr, bekomme zwei Jahre auf Bewährung – kurdische Kinder aber solle er einsperren.
Ganz abgesehen davon, dass Haft oder Heimunterbringung zu den teuersten Maßnahmen überhaupt zählen: Die Haft ist im Jugendstrafrecht nur dann vorgesehen, wenn alle anderen Maßnahmen, zum Beispiel soziale Trainingskurse oder ein amtlicher Erziehungsbeistand, versagt haben.
All dies aber hat man noch gar nicht probiert.

Zentrale Fragen an den Text stellen

3 Stellen Sie nach dem ersten Überfliegen des Textes zunächst die Hauptfrage: Worum geht es in dem Text? Was ist das Thema? Machen Sie dazu einige knappe Notizen.

4 Beantworten Sie in einem Satz die Frage, wer in diesem Text zu Ihnen spricht.

5 Überlegen Sie, welche Fragen Sie an den Text von Christine Holch stellen können, mit welchen Fragen Sie also an die genaue Lektüre herangehen. Machen Sie sich in diesem Zusammenhang auch bewusst, was Sie bereits über das Thema wissen. Notieren Sie Ihre Fragen.

6 Lesen Sie den Text nun „aktiv", also mit dem Stift in der Hand. Markieren Sie: Daten (Angaben zu Zeiten, Orten, Personen etc.), thesenhafte Sätze (unterscheiden Sie wichtige von unwichtigen Aussagen) und Schlüsselwörter.

7 Machen Sie sich nach dem genauen Lesen kurze Notizen zum gedanklichen Aufbau des Textes. Fassen Sie die einzelnen Sinnabschnitte stichwortartig zusammen.

Intention, Form und Gestaltung erkennen

Sachtexte kann man in verschiedene Kategorien einteilen, und zwar nach Intention (Absicht) sowie nach Form und Gestaltung.

Information

Sachtexte			
Intention		**Form/Gestaltung**	
informativ	*persuasiv*	*kontinuierlich*	*diskontinuierlich*
■ **Darstellung** ■ Information ■ Instruktion (Anleitung) – ausgerichtet auf Wissen	■ **Argumentation** ■ Erörterung ■ Meinungsbildung – ausgerichtet auf Überzeugungen	durchgehender Text („Text-Kontinuum“)	Kombination verschiedener Module / Textsorten, z. B. Info-Kasten, Stichworterklärung, Zitat, Kurzinterview, Servicehinweis u. a. sowie Grafik, Abbildung, Tabelle

Darstellung und Argumentation kommen in der Praxis häufig gemischt vor, z. B. wird in Texten, die sich mit einem Sachverhalt auseinandersetzen, dieser Sachverhalt auch – zumindest kurz – dargestellt (etwa in Kommentaren, Plädoyers usw.). Die Unterscheidung ist gleichwohl sinnvoll, da sie hilft, den Schwerpunkt und damit die Intention eines Textes zu erkennen.

8 Entscheiden Sie, welche Intention folgende Texte jeweils verfolgen:
A Darstellung (informativ) oder B Argumentation (persuasiv)?

Bedienungsanleitung	Anklageschrift
Antrag	Literaturgeschichte
Biografie	Kommentar

9 Geben Sie die Intention des Sachtextes auf den Seiten 8 und 9 an.

Mit dem Text verfolgt die Autorin die Absicht, ______

Den Inhalt visualisieren

Vor allem bei komplexen Zusammenhängen hat es sich bewährt, den Inhalt in strukturierter Form festzuhalten. Dies bietet verschiedene Vorteile:

- Sie zwingen sich selbst, den Inhalt „auf den Punkt" zu bringen.
- Sie halten das Wesentliche in übersichtlicher Form fest, was vor allem für eine spätere Wiederholung (etwa bei der Vorbereitung auf eine Klausur) sehr günstig ist.

Information **Informationen strukturiert wiedergeben**

Es gibt verschiedene Verfahren, Informationen strukturiert wiederzugeben, z. B.:

- strukturierte, gegliederte Liste
- Mindmap
- Tabelle
- Flussdiagramm (aus einem oder mehreren Strängen)
- Strukturdiagramm

Flussdiagramm (Muster)

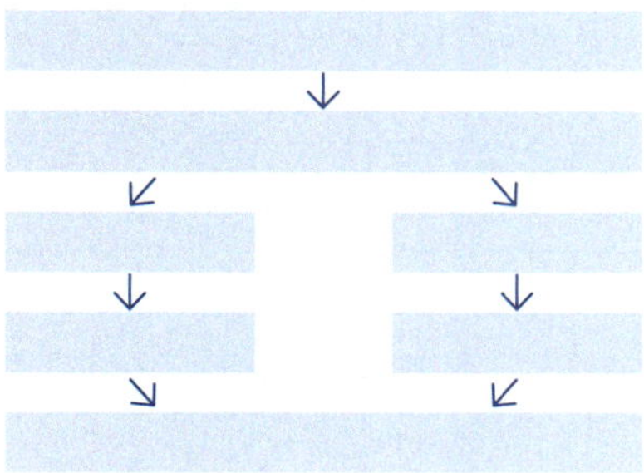

Strukturdiagramm (Muster)

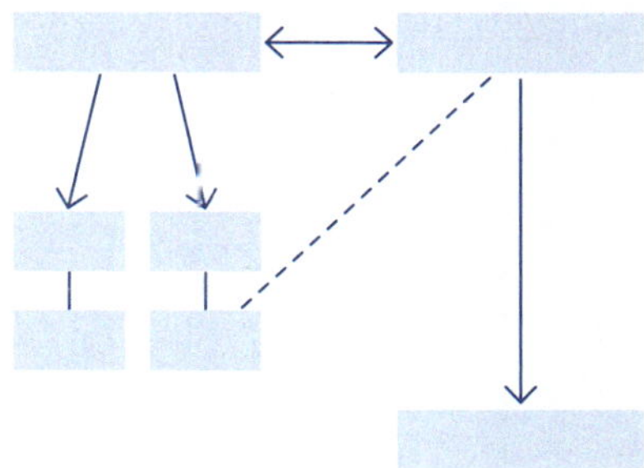

Nicht jede Visualisierung ist für jeden Zweck geeignet. Wenn Sie einen Ablauf darstellen wollen – also einen zeitlichen Zusammenhang –, eignet sich z. B. ein Flussdiagramm; wenn es Ihnen um inhaltliche Zusammenhänge geht, ist z. B. ein Strukturdiagramm besser geeignet.

Wichtig: Achten Sie bei Visualisierungen darauf, dass sie nicht unübersichtlich werden.

10 Stellen Sie die in dem Text auf den Seiten 8 und 9 aufgeführten Argumente in einer Tabelle zusammen Notieren Sie Stichworte.

	Haft	Jugendhilfe
pro		
kontra		

11 Wählen Sie für den Text eine geeignete Form der Visualisierung aus. Halten Sie den Inhalt in Ihrer Kursmappe in visualisierter Form fest.

Eine eigene Argumentation entwickeln

Beim Schreiben eines Aufsatzes benötigen Sie zur Orientierung einige gedankliche Leitlinien.
Im Erörterungsaufsatz ist dies ein eigener Argumentationsansatz.

12 Formulieren Sie Ihren eigenen Standpunkt zu der Frage, ob Jugendliche vor Gericht anders behandelt werden sollten als Erwachsene.

Ich vertrete die Ansicht, dass ______________________________

____

____

____

13 Begründen Sie Ihren Standpunkt kurz.

Als Begründung für diesen Standpunkt lässt sich anführen, ______________________________

____

____

____

14 Wählen Sie eines der folgenden Argumentationsschemata aus, um Ihre Position schriftlich darzulegen.

Argumentative Entfaltung einer Position:	**Erörterung mehrerer Positionen:**	
linearer Aufbau	**dialektischer Aufbau**	
	Darstellung der Positionen im Block	*Fortlaufende Antithetik*

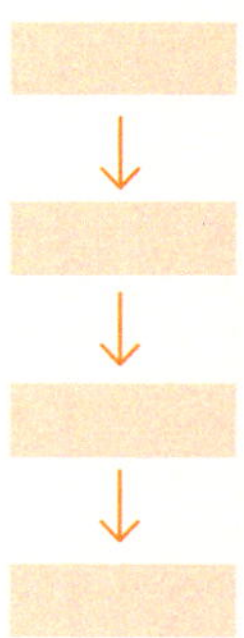

Sie reihen die Argumente für Ihre Position steigernd aneinander. Die stärksten Argumente kommen zuletzt.	Sie führen die Argumente gegen und für Ihre Position jeweils nacheinander auf. Bei der Meinung, die Sie selbst nicht teilen, kommen die stärksten Argumente zuerst, die schwächeren zuletzt. Bei der Meinung, die Sie unterstützen, kommen die stärksten Argumente zuletzt.	Sie führen die Argumente gegen und für Ihre Position abwechselnd auf. Das stärkste Argument für Ihre Position kommt zuletzt.

15 Bereiten Sie nun eine Feinstrukturierung Ihrer Erörterung vor.
Nutzen Sie zur Gliederung des Hauptteils den folgenden Argumentationsbauplan.
a Kopieren Sie den Plan mehrfach.
b Tragen Sie Thesen, die Sie zu der im Text aufgeworfenen Problematik vertreten wollen, in das jeweils oberste Textfeld ein.
c Notieren Sie dann in der mittleren Ebene zu jeder These einige Pro- und Kontra-Argumente.
d Notieren Sie schließlich ein paar Beispiele, die Sie den Argumenten zuordnen könnten.

These

____
____
____
____
____

↑ ↑

Pro-Argumente	**Kontra-Argumente**
______________________	______________________
______________________	______________________
______________________	______________________
______________________	______________________
______________________	______________________
______________________	______________________
↑	↑
Beispiele	**Beispiele**
______________________	______________________
______________________	______________________
______________________	______________________
______________________	______________________
______________________	______________________
______________________	______________________

Die Erörterung sprachlich bewältigen

Wenn Sie einige Thesen und dazu passende Argumente gesammelt haben, ist Ihre Erörterung noch keineswegs perfekt. Die Qualität eines erörternden Aufsatzes hängt stark von der sprachlichen Verknüpfung ab. Ein Leser sollte immer wissen, welche gedankliche Operation ihm gerade geboten wird.

16 Entwickeln Sie für eine von Ihnen aufgestellte Forderung eine Argumentation.
Nutzen Sie dafür die vorgegebenen Formulierungen und setzen Sie an den unterstrichenen Stellen weitere Verknüpfungsjoker aus der Liste auf Seite 15 ein.

Unumstritten ist eine solche Forderung sicherlich nicht. Eingewendet werden könnte z.B., dass ______

______

______

und dass außerdem ______

______.

Auch ist zu bedenken, dass ______

______.

Gerade Kinder ______

______.

Dem steht jedoch die berechtigte Erwartung gegenüber, dass ______

______

______.

Hinzu kommt, dass ______

______

______

______

______

______

______

______

______

______

______

______

______.

Verknüpfungsjoker

Überleitung zu einer Argumentation

- Es gibt eine ganze Reihe von Argumenten, die eine solche Forderung (These) plausibel erscheinen lassen.
- Eine solche Forderung (These) lässt sich gut begründen/vertreten.
- Was spricht für eine solche Forderung (These)?
- Gegen eine solche Forderung (These) könnte eingewendet werden, dass ...
- Unumstritten ist eine solche Forderung (These) sicherlich nicht.

Verknüpfung zweier gleichgerichteter Argumente

- Eine weitere Begründung für diese Forderung lautet, dass ...
- Es lässt sich außerdem argumentieren, dass ...
- Als weiteren Grund für/gegen ... könnte man anführen, dass ...
- Man sollte auch darauf hinweisen, dass ...
- Hinzu kommt, dass ...
- Auch ist zu bedenken, dass ...
- Im Übrigen gibt es wohl keinen Zweifel daran, dass ...
- Noch wichtiger ist das Argument, dass ...
- Außerdem darf man nicht aus dem Auge verlieren, dass ...
- Ein weiteres Argument ist aber noch viel wichtiger: ...
- Berufen kann man sich auch auf ..., der ja erklärt hat, dass ...
- Das wichtigste Argument für/gegen ... ist aber wohl, dass ... (Für die ausschlaggebende Argumentation in einem Erörterungsaufsatz gilt: Das wichtigste Argument sollte immer am Ende der Argumentation stehen. Dort bekommt es am meisten Gewicht und überzeugt den Leser am nachhaltigsten.)

Anschluss eines gegenteiligen Arguments

- Andererseits ist zu bedenken, dass ...
- Dem steht jedoch die Einsicht gegenüber, dass ...
- Allerdings sollte man nicht vergessen, dass ...
- Allerdings sollte auch bedacht werden, dass ...
- Bleibt noch der Einwand, dass ...

Einfügen eines Beispiels

- Es gibt z. B. ...
- Gerade Kinder (Jugendliche usw.) ...
- Auch in/bei ...
- ..., wenn z. B. ...
- Beispielsweise ist/sind ...
- ..., so zum Beispiel ..., der/die/das ...
- Erinnert sei hier an ...
- Wer erinnert sich nicht an ...

17 Welches Modell der Gedankenführung ist in der Argumentation auf Seite 14 angelegt? Überprüfen Sie anhand der Modelle auf Seite 12.

Einen Aufsatz strukturieren und verfassen

18 Sie haben nun alle Bausteine zur Lösung der beiden Aufgaben auf Seite 8 erarbeitet. Vervollständigen Sie mit Hilfe Ihrer Vorarbeiten die folgende Gliederung. Notieren Sie in jeder vorgesehenen Zeile nur ein Stichwort.

Christine Holch: Die Kleinen vorneweg
Erörterungsaufsatz

1 Einleitung

1.1 Einleitungssatz (Nennung von Autor/in, Titel und Thema des vorgelegten Textes)

1.2 Hinführung zum Problem (z.B. über einige Leitfragen zum vorgelegten Text)

2 Wiedergabe des Textes

2.1 Problemstellung

2.2 Positionen (Thesen) zum Problem

2.3 Aufbau der Argumentation im Text

3 Eigene Position

3.1 These 1: ____________________

3.1.1 Kontra-Argumente und Beispiele: ____________________

3.1.1.1 ____________________

3.1.1.2 ____________________

3.1.2 Pro-Argumente und Beispiele: ____________________

3.1.2.1 ____________________

3.1.2.2 ____________________

3.2 These 2: ____________________

3.2.1 Kontra-Argumente und Beispiele: ____________________

3.2.1.1 ____________________

3.2.1.2 ____________________

3.2.2 Pro-Argumente und Beispiele: ____________________

3.2.2.1 ____________________

3.2.2.2 ____________________

4 Fazit: ____________________

19 Verfassen Sie einen Aufsatz, der die Aufgabenstellung auf Seite 8 umsetzt.

2 Poetische Texte verstehen – Lyrik und Prosa

2.1 Lyrik verstehen

Information

Eine Gedichtanalyse verlangt von Ihnen Einsichten in den Zusammenhang von Inhalt, Sprache und Form. Zentral für das Verständnis sind:

- die **Bildlichkeit des Gedichts.** Damit sind Formen „uneigentlichen Sprechens" gemeint, wie z. B. Vergleiche, Metaphern und Chiffren. Die Entschlüsselung der Bilder ist zum Verständnis des Gedichts notwendig.
- die **Rolle des Sprechers.** Vorsicht: Das lyrische Ich ist nicht der Autor!
- die verwendete **Sprachform.** Die Wortwahl und syntaktisch-stilistische Merkmale können für die Aussage eines Gedichts ebenso von Bedeutung sein wie z. B. die Reimform oder das Metrum.

1 Kreuzen Sie an, welche Aspekte der Analyse Sie noch einmal vertiefen müssen.

1. Aspekt

Gedichtformen, Reimformen, Versmaße

2. Aspekt

Semantik/Wortbedeutung: Wortwahl, Herkunft der Wörter (Sprachebene), bevorzugte Wortfelder, häufige Wortarten, Wortschöpfungen, rhetorische Figuren usw.

3. Aspekt

Syntax/Satzbau: Eigenarten des Satzbaus: Parataxe, Hypotaxe, unvollständige Sätze, auffällige Wortstellungen, Anrede, Ausruf, Interjektion, Enjambement usw.

4. Aspekt

Sprachliche Bilder: Metaphern, Vergleiche, Personifikationen, Chiffren, Symbole usw.

5. Aspekt

Sprachgebärde: pathetisch, reflexiv, sachlich, ironisch usw.

6. Aspekt

Klang: Wiederholung von Anfangsbuchstaben (Alliteration), Vokalhäufungen, Klangfarben usw.

7. Aspekt

Rhythmus: Ablauf der Sprechbewegung: fließend, glatt, erregt, unregelmäßig usw.

2 Informieren Sie sich über die Begriffe aus Aufgabe 1, die Sie nicht sicher beherrschen, in einem geeigneten Nachschlagewerk bzw. Lehrbuch.

3 Stellen Sie sich vor, Sie sollen die folgende Aufgabe bearbeiten.

Analysieren und interpretieren Sie das Gedicht „Bildlich gesprochen“ von Ulla Hahn.

4 Lesen Sie das Gedicht. Bearbeiten Sie anschließend Schritt für Schritt die Aufgaben auf den Seiten 18 bis 27.

Information

Ulla Hahn, 1946 im Sauerland geboren, gehört zu den bedeutendsten deutschen Lyrikerinnen der Gegenwart. Sie thematisiert in ihren Gedichten immer wieder – aus der Sicht der Frau – das Verhältnis der Geschlechter. Ihre 1981 erschienene Gedichtsammlung „Herz über Kopf“, aus der auch das Gedicht „Bildlich gesprochen“ stammt, erlebte im Jahr 2002 bereits die 14. Auflage. Außer Gedichten hat Ulla Hahn bisher auch zwei Romane veröffentlicht. Für ihre Lyrik ist sie bereits mit mehreren Preisen ausgezeichnet worden.

Ulla Hahn: **Bildlich gesprochen** (1981)

Wär ich ein Baum ich wüchse
dir in die hohle Hand
und wärst du das Meer ich baute
dir weiße Burgen aus Sand.

Wärst du eine Blume ich grübe
dich mit allen Wurzeln aus
wär ich ein Feuer ich legte
in sanfte Asche dein Haus.

Wär ich eine Nixe ich saugte
dich auf den Grund hinab
und wärst du ein Stern ich knallte
dich vom Himmel ab.

Das erste Textverständnis formulieren

5 Formulieren Sie Ihren ersten Eindruck von diesem Gedicht und stellen Sie Vermutungen über seine Aussage an.

____

____

____

____

6 Halten Sie das Thema des Gedichts in einem Satz fest.

____

____

Die Überschrift als Deutungshilfe nutzen

7 Bereits die Überschrift macht deutlich, dass das Gedicht von Ulla Hahn mehrdeutig ist. Erklären Sie mit eigenen Worten, was es bedeutet, wenn etwas „bildlich" gesprochen ist.

8 Welches sprachliche Mittel verdeutlicht im Gedicht, dass das Gesagte mehrdeutig ist?
Tipp: Achten Sie auf die Verben!

Das lyrische Ich untersuchen

9 Können Sie eine Aussage darüber treffen, ob das lyrische Ich männlich oder weiblich ist?
Tipp: Ein Wort in der dritten Strophe gibt Ihnen einen Hinweis.

10 Untersuchen Sie das Verhältnis des lyrischen Ichs zum angesprochenen Du.

a Markieren Sie alle handlungsbestimmenden Verben und notieren Sie, wem sie zugeordnet sind.

b Welchen Rückschluss können Sie aus der Zuordnung der handlungsbestimmenden Verben auf die Beziehung des lyrischen Ichs zu seinem Partner ziehen?

Die Bildlichkeit verstehen

11 Ulla Hahn wählt in ihrem Gedicht Bilder aus dem Bereich der Natur. Übersetzen Sie die Bilder, indem Sie jeweils aufschreiben, was die Bilder – übertragen auf die Beziehung des lyrischen Ichs zu dem angesprochenen Du – bedeuten könnten.

Bildebene: Wär ich ein Baum ich wüchse / dir in die hohle Hand

Bedeutung: Von dir würde ich mich beschützen lassen, denn dir vertraue ich.

Bildebene: und wärst du das Meer ich baute / dir weiße Burgen aus Sand.

Bedeutung: ______

Bildebene: Wärst du eine Blume ich grübe / dich mit allen Wurzeln aus

Bedeutung: ______

Bildebene: wär ich ein Feuer ich legte / in sanfte Asche dein Haus.

Bedeutung: ______

Bildebene: Wär ich eine Nixe ich saugte / dich auf den Grund hinab

Bedeutung: ______

Bildebene: und wärst du ein Stern ich knallte / dich vom Himmel ab.

Bedeutung: ______

12 Welche Bilder empfinden Sie als positiv, welche als negativ? Markieren Sie in Aufgabe 11 positive und negative Bilder unterschiedlich.

13 Bestimmen Sie eine Entwicklung der Bilder. Fassen Sie Ihre Beobachtung in einem Satz zusammen.

______

14 Notieren Sie zu jeder Strophe des Gedichts eine passende Überschrift.

1. Strophe: ______

2. Strophe: ______

3. Strophe: ______

Weitere Aspekte der Analyse kennen lernen

15 Ergänzen Sie die Mindmap auf Seite 22 mit Hilfe der folgenden Fachbegriffe.

Information

Alliteration:	einige aufeinanderfolgende Wörter mit gleichem Anfangsbuchstaben
Anapäst:	xxx́, z. B. Anapä́st
Anapher:	Wiederholung eines oder mehrerer Wörter am Vers- oder Satzanfang
Antithese:	Gegenüberstellung zweier Begriffe oder Sachverhalte
Ballade:	längeres Erzählgedicht mit häufig spannender Handlung
Binnenreim:	Reim zweier oder mehrerer Wörter in einem Vers
Chiasmus:	spiegelbildliche Anordnung von Satzteilen in zwei Sätzen
Daktylus:	x́xx, z. B. Dáktylus
Endreim:	Gleichklang der Versenden vom letzten betonten Vokal an
Enjambement:	Versende überspringender Satz
Hakenstil:	Folge von Enjambements, sodass die Verse durch jeweils zeilenübergreifende Sätze verhakt erscheinen.
Haufenreim:	aaaa ...
Hymne:	feierlicher Preis- und Lobgesang
Inversion:	Umkehrung der üblichen Wortstellung im Satz
Ironie:	Unwahre Behauptung, die erkennen lässt, dass das Gegenteil gemeint ist.
Jambus:	xx́, z. B. Gedícht
Klimax:	gedankliche Steigerung, meist in drei Schritten
Kreuzreim:	abab
Lied:	Gedichtform mit relativ kurzen Versen, in Strophen gegliedert, in Reimform und zum Teil mit Refrain am Ende der Strophe
Metapher:	Ausdruck, der in einem übertragenen, bildhaften Sinne zu verstehen ist.
Metrum:	Versmaß; regelmäßige Abfolge von betonten und unbetonten Silben
Neologismus:	Wortneuschöpfung
Onomatopoese:	Lautmalerei
Paarreim:	aabb
Parallelismus:	gleicher Aufbau zweier aufeinanderfolgender Sätze
Personifikation:	Übertragung menschlicher Eigenschaften auf eine Sache oder ein Tier
Reim:	Gleichklang
Sonett:	Gedichtform mit vier Strophen: zwei Vierzeilern und zwei Dreizeilern
Symbol:	Erkennungszeichen, Sinnbild; konkreter Gegenstand verweist auf etwas Allgemeines
Synekdoche:	Ein Teil steht für das Ganze oder umgekehrt.
Trochäus:	x́x, z. B. Díchter
umarmender Reim:	abba
Vergleich:	Verknüpfung zweier Vorstellungen, Dinge, Wesen durch ein Vergleichswort (wie, gleich)
Zeilenstil:	Übereinstimmung von Satzende und Versende; Pause am Ende des Verses

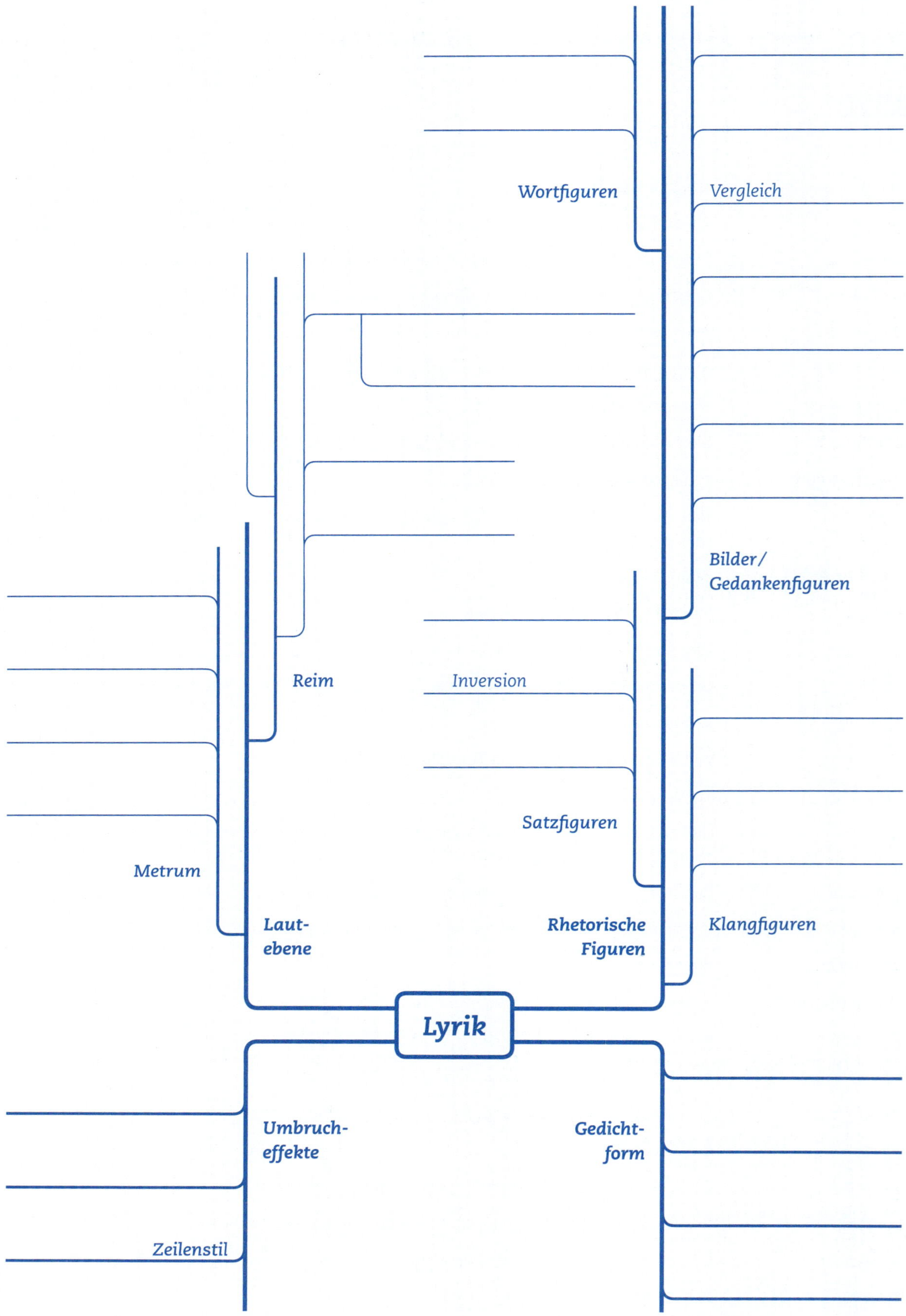

16 Prüfen Sie, welche der Begriffe aus der ergänzten Mindmap auf das Gedicht „Bildlich gesprochen“ anwendbar sind.
Tipp: Nutzen Sie diese Lyrik-Mindmap auch für die Analyse anderer Gedichte.

Eine zusammenführende Deutung vorbereiten

17 Stellen Sie die Einzelergebnisse Ihrer Analyse in einen schlüssigen und möglichst widerspruchsfreien Deutungszusammenhang.

a Formulieren Sie zunächst Interpretationsthesen zum Inhalt.

b Notieren Sie Interpretationsthesen zur Form.

c Verknüpfen Sie die Analyseergebnisse zu Inhalt und Form gedanklich miteinander. Notieren Sie solche verknüpfenden Thesen.

18 Sammeln Sie Zitate und Verweise (z. B.: V. 3–5), mit denen Sie Ihre Interpretationsthesen stützen können.

zu a:

zu b:

zu c:

2.2 Über Lyrik schreiben

Die folgenden Seiten bieten Ihnen Übungsmöglichkeiten, die Ihnen helfen sollen, besondere Hürden beim Schreiben eines Interpretationsaufsatzes zu überwinden. Dabei geht es darum,
- über eine ungeordnete Vielzahl von Einzelheiten hinaus zu strukturiertem Schreiben zu kommen und
- die Überleitungen zwischen einzelnen Textelementen sprachlich zu bewältigen.

Wichtig sind die „Gelenkstellen" in Ihrem Text. Es handelt sich um Stellen, an denen Sie einen neuen gedanklichen Schritt einleiten müssen. Wenn Ihnen hier die Worte fehlen, dann reihen Sie Sätze einfach aneinander, ohne dass dem Adressaten Ihres Textes der gedankliche Zusammenhang und die logische Abfolge Ihrer Ausführungen hinreichend deutlich werden. Solche Texte ohne Strukturierungsmerkmale sollten Sie vermeiden.

Den Inhalt wiedergeben

1 Geben Sie den Inhalt des Gedichts „Bildlich gesprochen" von Ulla Hahn (S. 18) wieder.
Halten Sie sich dabei an das nummerierend-aufzählende Verfahren, das im folgenden Schreibfeld angelegt ist.

In der ersten Strophe ______________________

____

____

____

Im Vergleich mit der ersten Strophe vermittelt die zweite den Eindruck, dass ______________________

____

____

____

In der dritten Strophe schließlich ______________________

____

____

____

____

____

____

2 Bei der Formulierung von Inhaltsangaben helfen auch sprachliche Verknüpfungen, die logische Zusammenhänge betonen. Wählen Sie eine der beiden Verknüpfungsmöglichkeiten aus und schreiben Sie eine weitere Inhaltsangabe des Gedichts in Ihre Kursmappe.
Tipp: Achten Sie darauf, dass Sie die Gedichtaussage möglichst in eigenen Worten wiedergeben.
Auf keinen Fall sollten Sie Zitate kommentarlos aneinanderreihen.

- zunächst / dann aber / der Sinneswandel spitzt sich zu in der Formulierung
- einerseits / andererseits / als Fazit

Die eigenen Aussagen verknüpfen

3 In den folgenden Auszügen aus einem Interpretationsaufsatz zum Gedicht „Bildlich gesprochen" von Ulla Hahn sind die Überleitungen vergessen worden. Schreiben Sie jeweils einen „Klammersatz" zwischen die beiden Textteile, der dem Leser klarmacht, dass die Aussagen zum Inhalt mit Beobachtungen zu Sprache und Form verknüpft werden. Verwenden Sie dabei verschiedene Formulierungen.

Ein weibliches lyrisches Ich berichtet von der negativen Entwicklung einer Liebesbeziehung. Die ursprüngliche Vertrautheit und Bereitschaft, sich ganz hinzugeben, weicht dabei zunächst Ansprüchen und Forderungen, um schließlich in Hass und Aggression umzuschlagen.

Jede der drei Strophen schildert anhand von Bildern aus der Natur eine Station in der Liebe des lyrischen Ich.

Das lyrische Ich ist verletzt worden und distanziert sich von seinem Partner.

Das lyrische Ich spricht seinen Partner nicht direkt an, sondern nur indirekt, über den Umweg von Bildern, die es aus dem Bereich der Natur entlehnt. Auch der Konjunktiv lässt sich als ein solches Distanzierungssignal lesen.

Das angesprochene Du hat sich in der Beziehung weniger engagiert als das lyrische Ich.

Alle handlungsbestimmenden Verben sind dem lyrischen Ich zugeordnet. Das lyrische Ich erscheint dadurch als der aktive Part in der Beziehung.

Den Ausdruck variieren

„Der Autor sagt ... Der Autor sagt auch ... Schließlich sagt der Autor auch noch ...“. – Aufsätze machen oft einen schlechten Eindruck, weil der Verfasser/die Verfasserin sich nicht darum bemüht, den Ausdruck zu variieren. Dabei stehen für Redewendungen, die in Aufsätzen immer wieder vorkommen (sagen, sich beschäftigen mit, darstellen etc.), vielerlei Alternativen bereit, die Sie sich aneignen sollten.

4 Der folgende Lückentext nimmt Bezug auf das Gedicht von Ulla Hahn (S. 18).
Fügen Sie in die Lücken Wörter ein, die Sie für passend halten.
Bedienen Sie sich dabei aus der Wörterbox „sagen“.
Achten Sie darauf, dass Sie jedes Wort nur einmal verwenden.

Wörterbox „sagen“

- sprechen – feststellen – mitteilen – angeben – (sich) äußern – zum Ausdruck bringen – konstatieren – hinweisen auf – darauf aufmerksam machen, dass ... – zur Sprache bringen – ausdrücken – aufzeigen – erklären
- reflektieren – nachdenken – sinnieren
- bekannt geben – verkünden – proklamieren – die Information verbreiten
- betonen – hervorheben – unterstreichen – ausdrücklich erwähnen
- meinen – die Meinung vertreten – der Meinung sein – sich darauf festlegen, dass ... – der Ansicht sein, dass ... – finden – glauben – annehmen – mutmaßen – vermuten
- andeuten – erkennen lassen – zu verstehen geben – einfließen lassen – anklingen lassen – durchblicken lassen – einen Fingerzeig geben – einen Wink geben – anspielen auf – verweisen auf
- antworten – entgegnen – erwidern – einwenden – einwerfen – kontern
- bekennen – zugeben – versichern – offenbaren – gestehen – Farbe bekennen
- behaupten – die Behauptung aufstellen, dass ... – die These vertreten, dass ... – versichern, dass ... – die Versicherung abgeben
- fragen – wissen wollen – sich umhören, ob ... – sich erkundigen – sich informieren
- auffordern – bitten – beschwören – flehen – erflehen – sich wenden an – klagen
- berichten – schildern – erzählen – beschreiben

In dem Gedicht „Bildlich gesprochen“ von Ulla Hahn ________________________ das lyrische Ich im Rückblick von seiner Beziehung zu einem Partner. Während das lyrische Ich am Anfang sein Vertrauen und seine Hingabe zu diesem Partner ________________________, ________________________ es in der zweiten Strophe ________________________, dass die Beziehung sich verändert hat. Es ________________________ nun von Besitzansprüchen. Die Bilder der dritten Strophe ________________________ Gefühle wie Aggression und Hass. Welche Ereignisse im Einzelnen zur Verschlechterung der Beziehung geführt haben, ________________________ das lyrische Ich nicht.

Was die Autorin mit diesem Gedicht ________________________ will, lässt sich nicht mit letzter Bestimmtheit sagen. Möglicherweise will sie ________________________, aus welchen Gründen viele Liebesbeziehungen scheitern.

Die Stilebene treffen

5 Wählen Sie aus den folgenden acht Wörterlisten je eine Formulierung aus und ergänzen Sie damit die Sätze.

Methode

Grenzen Sie die Stillage Ihres Aufsatzes nach oben (gehobener Stil) und nach unten (umgangssprachlicher oder gar salopper Stil) ab. Ihre Hauptaufgabe ist es vermutlich, umgangssprachliche Redewendungen zu vermeiden. Aber auch Formulierungen, die dem gehobenen Stil zuzuordnen sind, sind manchmal deplatziert. In diesen Fällen wirkt der Ausdruck überanstrengt und geschraubt.

1
fertig
vollständig
ganz
ganz fertig
komplett

2
klipp und klar
fest umrissen
eindeutig
apodiktisch
über jeden Zweifel erhaben

3
aneinandergefügt
gekoppelt
gekuppelt
angedockt

4
die intellektuelle Durchdringung
das Kapieren
die Sinnentnahme
die gedankliche Rekonstruktion

5
rafft
versteht
kapiert
ergründet
gewahrt
diagnostiziert

6
in toto
haarfein
genauer
getreu
erschöpfend
akkurat

7
erhellt
verdeutlicht
luzid gemacht
ins Bewusstsein des Lesers gehoben

8
was gesagt wird
die Rede ist
die Autorin redet

1 *Die Sätze sind ________________.*

2 *Die Aussage des Gedichts ist nicht ________________.*

3 *Die Autorin hat eine Reihe von Bildern ________________.*

4 *Das Sprechen in Bildern erschwert ________________.*

5 *Der Leser ________________ die Aussage erst nach*

6 *mehrmaliger Lektüre ________________.*

7 *Diese Aussage wird durch formale Aspekte ________________.*

8 *Die Beziehung, von der hier ________________, nimmt kein gutes Ende.*

2.3 Eine Parabel verstehen und darüber schreiben

Information

Die Parabel (griechisch: „Gleichnis") ist eine lehrhafte Erzählung, die eine allgemeine Erkenntnis oder Verhaltensregel an einer beispielhaften Handlung bildhaft verdeutlicht. Der Leser oder die Leserin muss dabei durch Übertragung (durch einen so genannten Analogieschluss) die metaphorische Handlung der Parabel (Bildebene) auf die reale Welt (Sachebene) übertragen. Dies geschieht in der Deutung (Interpretation).

1 Stellen Sie sich vor, Sie sollen die folgende Aufgabe bearbeiten.

Analysieren und interpretieren Sie die Parabel „Eine kaiserliche Botschaft" von Franz Kafka. Gehen Sie dabei vom Titel aus.

2 Bearbeiten Sie Schritt für Schritt die Seiten 29 bis 34, um die Aufgabe zu lösen.

Franz Kafka: **Eine kaiserliche Botschaft** (1919)

Franz Kafka (1883–1924)

Der Kaiser – so heißt es – hat dir, dem Einzelnen, dem jämmerlichen Untertanen, dem winzig vor der kaiserlichen Sonne in die fernste Ferne geflüchteten Schatten, gerade dir hat der Kaiser von seinem Sterbebett aus eine Botschaft gesendet. Den Boten hat er beim Bett niederknien lassen und ihm die Botschaft ins Ohr geflüstert; so sehr war ihm an ihr gelegen, dass er sich sie noch ins Ohr wiedersagen ließ. Durch Kopfnicken hat er die Richtigkeit des Gesagten bestätigt. Und vor der ganzen Zuschauerschaft seines Todes – alle hindernden Wände werden niedergebrochen und auf den weit und hoch sich schwingenden Freitreppen stehen im Ring die Großen des Reichs –, vor allen diesen hat er den Boten abgefertigt. Der Bote hat sich gleich auf den Weg gemacht; ein kräftiger, ein unermüdlicher Mann; einmal diesen, einmal den andern Arm vorstreckend, schafft er sich Bahn durch die Menge; findet er Widerstand, zeigt er auf die Brust, wo das Zeichen der Sonne ist; er kommt auch leicht vorwärts, wie kein anderer. Aber die Menge ist so groß; ihre Wohnstätten nehmen kein Ende. Öffnete sich freies Feld, wie würde er fliegen, und bald wohl hörtest du das herrliche Schlagen seiner Fäuste an deiner Tür. Aber stattdessen, wie nutzlos müht er sich ab; immer noch zwängt er sich durch die Gemächer des innersten Palastes; niemals wird er sie überwinden; und gelänge ihm dies, nichts wäre gewonnen; die Treppen hinab müsste er sich kämpfen; und gelänge ihm dies, nichts wäre gewonnen; die Höfe wären zu durchmessen; und nach den Höfen der zweite umschließende Palast; und wieder Treppen und Höfe; und wieder ein Palast; und so weiter durch Jahrtausende; und stürzte er endlich aus dem äußersten Tor – aber niemals, niemals kann es geschehen –, liegt erst die Residenzstadt vor ihm, die Mitte der Welt, hochgeschüttet voll ihres Bodensatzes. Niemand dringt hier durch und gar mit der Botschaft eines Toten. – Du aber sitzt an deinem Fenster und erträumst sie dir, wenn der Abend kommt.

Von der Überschrift ausgehen

3 Der Titel der Parabel lautet „Eine kaiserliche Botschaft". Welche Assoziationen weckt dieser Titel in Ihnen? Übertragen Sie die folgende Mindmap in Ihre Kursmappe und ergänzen Sie Ihre Ideen.

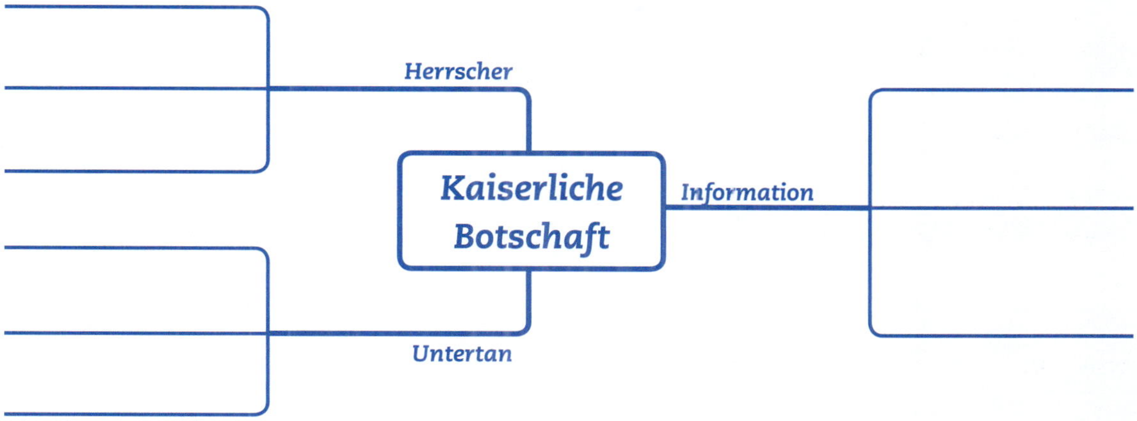

Das erste Textverständnis formulieren

4 Lesen Sie die Parabel langsam und sorgfältig.

5 Formulieren Sie so genau wie möglich Ihre Reaktionen auf den Text (mit Verweisen auf bestimmte Textstellen), Fragen, die der Text aufwirft, und Vermutungen über seine mögliche Aussage.

Reaktionen: ______________________________

____

____

____

Fragen: ______________________________

____

____

____

Textaussage / Interpretationshypothese: ______________________________

____

____

____

Tipp: Falls Ihnen der Text zu diesem Zeitpunkt noch rätselhaft ist und Sie noch keine Idee bezüglich seiner Aussage haben, macht das nichts. Vertrauen Sie darauf, dass er sich Ihnen im Folgenden durch das sorgfältige Durcharbeiten aller methodischen Schritte erschließen wird!

Den Text gliedern und den Inhalt wiedergeben

6 Gliedern Sie den Text in Sinnabschnitte und notieren Sie kurze Überschriften.

Zeilen bis : ______________________

Zeilen bis : ______________________

Zeilen bis : ______________________

Zeilen bis : ______________________

Zeilen bis : ______________________

7 Formulieren Sie in eigenen Worten eine kurze Inhaltsangabe in Ihrer Kursmappe.

Methode

Bei der Formulierung präziser Inhaltsangaben helfen geeignete sprachliche Verknüpfungen, z. B.: *außerdem, wodurch, indem, wohingegen, wenngleich, anders als, gleichwohl, einerseits ..., andererseits, im Gegensatz dazu, wozu, zu diesem Zweck, während, wiewohl, genauso, ähnlich*

Bild- und Sachebene der Parabel untersuchen

Kafka erzählt eine Geschichte (Bildebene), deren Bedeutung (Sachebene) Sie erst erschließen müssen. Engen Sie Ihre Deutung dabei nicht vorschnell ein.

8 Übertragen Sie die Bildebene der Parabel auf die Sachebene. Ergänzen Sie dazu die Tabelle.

	Bildebene	**Sachebene**
Ausgangssituation	*Kaiser todkrank; sendet Botschaft*	*Kommunikation einer wichtigen Nachricht; Zeit drängt*
Figurenkonstellation (Verhältnis der Figuren zueinander)	*mächtiger Herrscher, „jämmerlicher“ Untertan*	*großes Machtgefälle zwischen den Kommunizierenden*
Handlungsverlauf		
Schlusssituation		
Raum/Zeit		
Erzähler		

9 Bestimmen Sie das Thema der Parabel mit Hilfe von Aufgabe 8. Ergänzen Sie dafür den folgenden Satz.

Kafkas Parabel handelt von einer ______________________ *Kommunikationssituation, die durch ein großes* ______________________ *und durch ein unterschwellig angedeutetes Gefühl von* ______________________ *bei einem der Kommunizierenden bestimmt ist.*

Methode

In einem mit potenzieller (möglicher) Bedeutung aufgeladenen Text wie der Parabel gewinnen Gegenstände und Figuren häufig symbolische Bedeutung: Sie stehen innerhalb der Handlung für sich selbst, in der Deutung aber auch für etwas anderes, häufig Abstraktes.
Hinweis: Formulieren Sie zunächst genau und ausführlich die Funktion der Symbole innerhalb der Handlung und leiten Sie nicht vorschnell konkrete Deutungen ab – sonst bleiben Letztere unbelegt.

10 Die Tabelle gibt die wichtigsten Symbole vor. Tragen Sie Ihre Beobachtungen ein.

Bildebene	**Sachebene**	
Symbol	**Deutung innerhalb der Handlung**	**mögliche konkrete Entsprechung**
Kaiser	– *mächtige, aber geschwächte Person* –	– *Regierender, der seine Macht verliert?* – *der Autor? (s. S. 33)* –
Untertan		– *machtloser Einzelner im Staat?* – *der Leser?* –
Botschaft		
Bote		

Sprachliche Mittel und Besonderheiten analysieren

Was für die Wahrnehmung des Menschen im Allgemeinen gilt, trifft auch für die Textinterpretation zu: Gehen Sie sinnvollerweise immer vom Großen zum Kleinen, von den grundsätzlichen Strukturen zum individuellen Detail. Bisher haben Sie den gedanklichen Aufbau der Parabel untersucht, um zu einem grundsätzlichen Verständnis des Textes zu gelangen. Nun gilt es, dieses auf der Ebene der verwendeten sprachlichen Mittel und Besonderheiten zu verankern.

Methode

Konzentrieren Sie sich in Ihrer Interpretation auf einige wenige sprachliche Elemente und Aspekte, die Ihnen bedeutungsvoll erscheinen und anhand derer Sie zu schlüssigen Deutungen kommen können. Vermeiden Sie allgemeine Banalitäten wie „mit dieser Metapher unterstreicht der Autor seine Absicht".

11 Um Ihnen bei der Orientierung zu helfen, sind im Folgenden mögliche Aspekte zur Untersuchung vorgeschlagen. Wählen Sie zwei weitere Aspekte aus und formulieren Sie dazu unter Bezug auf ausgesuchte Textstellen Deutungen. Bedenken Sie, dass die verschiedenen Aspekte in Beziehung zueinander stehen:

- Satzbau
- Stil
- Alliterationen
- Erzählperspektive
- Adjektive
- Wiederholungen
- Metaphern

Aspekt	Textverweis	Deutung
Kontraste zwischen Kaiser und Angesprochenem	*„Der Kaiser" (Z. 1), „kaiserliche Sonne" (Z. 3)* ↕ *„Einzelner" (Z. 1), „jämmerlicher Untertan" (Z. 2), „in die fernste Ferne geflüchteter Schatten" (Z. 3 f.)*	*Betonung und Differenzierung des Machtgefälles, gleichzeitig angedeutete Charakterisierung des Untertanen* ↕ ______ ______
______ ______ ______ ______ ______ ______	______ ______ ______ ______ ______ ______	______ ______ ______ ______ ______ ______
______ ______ ______ ______ ______ ______	______ ______ ______ ______ ______ ______	______ ______ ______ ______ ______ ______

Kontextualisierung – Die Parabel im Kontext verstehen

Bisher haben Sie sich bei Ihren Interpretationen auf die Untersuchung der werk- beziehungsweise textimmanenten Elemente beschränkt.
Im Falle Franz Kafkas bietet sich (unter anderen) das biografische Verfahren für die Interpretation an. Das **biografische Verfahren** hat nicht zum Ziel, eine reale Beziehung zu erschließen. Wichtig ist das Verständnis dafür, wie der Autor diese Beziehung künstlerisch verarbeitet hat, um zu grundsätzlichen Einsichten oder zu einer verallgemeinerten Bedeutung zu gelangen. Nachfolgend ist ein Auszug aus dem berühmten Text „Brief an den Vater“ abgedruckt, den Kafka im Alter von 36 Jahren verfasste.

Liebster Vater,

Du hast mich letzthin einmal gefragt, warum ich behaupte, ich hätte Furcht vor Dir. Ich wusste Dir, wie gewöhnlich, nichts zu antworten, zum Teil eben aus der Furcht, die ich vor Dir habe, zum Teil deshalb, weil zur Begründung dieser Furcht zu viele Einzelheiten gehören, als dass ich sie im Reden halbwegs zusammenhalten könnte. Und wenn ich hier versuche, Dir schriftlich zu antworten, so wird es doch nur sehr unvollständig sein, weil auch im Schreiben die Furcht und ihre Folgen mich Dir gegenüber behindern und weil überhaupt die Größe des Stoffs über mein Gedächtnis und meinen Verstand weit hinausgeht.

12 Stellen Sie aus der Sicht des Autors Vermutungen über das Vater-Sohn-Verhältnis an.

Verhalten/Gefühle	Verhältnis zu	Verhalten
______________________		______________________
______________________		______________________
______________________		______________________
______________________	*Franz Kafka* → ← *Vater*	______________________
______________________		______________________
______________________		______________________
______________________		______________________

13 Überlegen Sie nun, inwieweit sich Elemente der Parabel „Eine kaiserliche Botschaft“ im Lichte der Beziehung Kafkas zu seinem Vater interpretieren lassen. Füllen Sie die Tabelle aus.

Elemente der Parabel (Bildebene)	Bezug zur Beziehung Kafka – Vater	allgemeine Bedeutung
Kaiser	*Vater*	*mächtige, aber isolierte Person, deren Tod droht*
Untertan		
Machtverhältnis Kaiser – Untertan		
Botschaft		
Weg des Boten		

Eine zusammenführende Deutung formulieren

14 Formulieren Sie in Ihrer Kursmappe eine Gesamtinterpretation auf der Grundlage Ihrer Arbeitsergebnisse.

Methode

Im **Einleitungssatz** Ihrer Interpretation nennen Sie den Titel, den Autor, die Gattung und möglichst genau das Thema des Textes:
- Das Thema ist nicht der Inhalt des Textes, sondern das in ihm behandelte Problem oder die zentrale Frage, die er aufwirft.
- Es ist meist sinnvoll, das Thema eines Textes erst am Ende der Interpretation endgültig zu bestimmen, um vorschnelle Schlüsse und Missverständnisse zu vermeiden.

Der Schwerpunkt Ihrer **Analyse im Hauptteil** sollte auf der Deutung innerhalb des Textes und der genauen Textarbeit (Untersuchung von Struktur und Sprache) liegen.
Im **Schlusssatz** fassen Sie Ihre Ergebnisse kurz zusammen.

Umreißen und erörtern Sie die möglichen konkreten Ausdeutungen der Bildebene nur knapp – zum Beispiel mit Hilfe der folgenden Formulierungen:
- Dies könnte der Leser/die Leserin so deuten, dass ...
- Dies legt den Schluss nahe ...
- Eine mögliche Deutung wäre ...

2.4 Eine Kurzgeschichte verstehen und darüber schreiben

Information

Die Kurzgeschichte gehört zu Gattung der Epik, die verschiedene Arten des fiktiven Erzählens umfasst. In der Regel sind epische Texte in Prosa verfasst. Von der Lyrik und dem Drama unterscheidet sich die Epik durch den Erzähler. Es handelt sich um eine Instanz, die der Autor geschaffen hat und über die sowohl das äußere Geschehen als auch das innere Geschehen der Figuren vermittelt wird.
Die Kurzgeschichte hat ihren Namen aus dem amerikanischen Englisch, von „short story", entlehnt.
Sie stellt meist einen entscheidenden Moment im Leben eines Menschen dar.

1 Stellen Sie sich vor, Sie sollen die folgende Aufgabe bearbeiten.

Analysieren und interpretieren Sie die Kurzgeschichte „Nachts schlafen die Ratten doch" von Wolfgang Borchert.

Wolfgang Borchert: **Nachts schlafen die Ratten doch** (1947)

Das hohle Fenster in der vereinsamten Mauer gähnte blaurot voll früher Abendsonne. Staubgewölke flimmerte zwischen den steil gereckten Schornsteinresten. Die Schuttwüste döste. Er hatte die Augen zu. Mit einmal wurde es noch dunkler. Er merkte, dass jemand gekommen war und nun vor ihm stand, dunkel, leise. Jetzt haben sie mich!, dachte er. Aber als er ein bisschen blinzelte, sah er nur zwei etwas ärmlich behoste Beine. Die standen ziemlich krumm vor ihm, dass er zwischen ihnen hindurchsehen konnte. Er riskierte ein kleines Geblinzel an den Hosenbeinen hoch und erkannte einen älteren Mann. Der hatte ein Messer und einen Korb in der Hand. Und etwas Erde an den Fingerspitzen.
Du schläfst hier wohl, was?, fragte der Mann und sah von oben auf das Haargestrüpp herunter. Jürgen blinzelte zwischen den Beinen des Mannes hindurch in die Sonne und sagte: Nein, ich schlafe nicht. Ich muss hier aufpassen. Der Mann nickte: So, dafür hast du wohl den großen Stock da? Ja, antwortete Jürgen mutig und hielt den Stock fest. Worauf passt du denn auf?
Das kann ich nicht sagen. Er hielt die Hände fest um den Stock.
Wohl auf Geld, was? Der Mann setzte den Korb ab und wischte das Messer an seinem Hosenboden hin und her.
Nein, auf Geld überhaupt nicht, sagte Jürgen verächtlich. Auf ganz etwas anderes.
Na, was denn?
Ich kann es nicht sagen. Was anderes eben.
Na, denn nicht. Dann sage ich dir natürlich auch nicht, was ich hier im Korb habe. Der Mann stieß mit dem Fuß an den Korb und klappte das Messer zu.
Pah, kann mir denken, was in dem Korb ist, meinte Jürgen geringschätzig, Kaninchenfutter.
Donnerwetter, ja!, sagte der Mann verwundert, bist ja ein fixer Kerl. Wie alt bist du denn?
Neun.
Oha, denk mal an, neun also. Dann weißt du ja auch, wie viel drei mal neun sind, wie?
Klar, sagte Jürgen, und um Zeit zu gewinnen, sagte er noch: Das ist ja ganz leicht. Und er sah durch die Beine des Mannes hindurch. Drei mal neun, nicht?, fragte er noch einmal, siebenundzwanzig. Das wusste ich gleich.
Stimmt, sagte der Mann, und genauso viel Kaninchen habe ich. Jürgen machte einen runden Mund: Siebenundzwanzig?
Du kannst sie sehen. Viele sind noch ganz jung. Willst du?
Ich kann doch nicht. Ich muss doch aufpassen, sagte Jürgen unsicher.
Immerzu?, fragte der Mann, nachts auch?
Nachts auch. Immerzu. Immer. Jürgen sah an den krummen Beinen hoch. Seit Sonnabend schon, flüsterte er.
Aber gehst du denn gar nicht nach Hause? Du musst doch essen. Jürgen hob einen Stein hoch. Da lag ein halbes Brot. Und eine Blechschachtel.
Du rauchst?, fragte der Mann, hast du denn eine Pfeife?
Jürgen fasste seinen Stock fest an und sagte zaghaft: Ich drehe. Pfeife mag ich nicht.
Schade, der Mann bückte sich zu seinem Korb, die Kaninchen hättest du ruhig mal ansehen können. Vor allem die Jungen. Vielleicht hättest du dir eines ausgesucht. Aber du kannst hier ja nicht weg.
Nein, sagte Jürgen traurig, nein nein.
Der Mann nahm den Korb hoch und richtete sich auf. Na ja, wenn du hierbleiben musst – schade. Und er drehte sich um.
Wenn du mich nicht verrätst, sagte Jürgen da schnell, es ist wegen den Ratten.
Die krummen Beine kamen einen Schritt zurück.
Wegen den Ratten?
Ja, die essen doch von Toten. Von Menschen. Da leben sie doch von.

Wer sagt das?

Unser Lehrer.

Und du passt nun auf die Ratten auf?, fragte der Mann.

Auf die doch nicht! Und dann sagte er ganz leise: Mein Bruder, der liegt nämlich da unten. Da. Jürgen zeigte mit dem Stock auf die zusammengesackten Mauern. Unser Haus kriegte eine Bombe. Mit einmal war das Licht weg im Keller. Und er auch. Wir haben noch gerufen. Er war viel kleiner als ich. Erst vier. Er muss hier ja noch sein. Er ist doch viel kleiner als ich.

Der Mann sah von oben auf das Haargestrüpp. Aber dann sagte er plötzlich: Ja, hat euer Lehrer euch denn nicht gesagt, dass die Ratten nachts schlafen?

Nein, flüsterte Jürgen und sah mit einmal ganz müde aus, das hat er nicht gesagt.

Na, sagte der Mann, das ist aber ein Lehrer, wenn er das nicht mal weiß. Nachts schlafen die Ratten doch. Nachts kannst du ruhig nach Hause gehen. Nachts schlafen sie immer. Wenn es dunkel wird, schon.

Jürgen machte mit seinem Stock kleine Kuhlen in den Schutt. Lauter kleine Betten sind das, dachte er, alles kleine Betten.

Da sagte der Mann (und seine krummen Beine waren ganz unruhig dabei): Weißt du was? Jetzt füttere ich schnell meine Kaninchen, und wenn es dunkel wird, hole ich dich ab. Vielleicht kann ich eins mitbringen. Ein kleines oder, was meinst du?

Jürgen machte kleine Kuhlen in den Schutt. Lauter kleine Kaninchen. Weiße, graue, weißgraue. Ich weiß nicht, sagte er leise und sah auf die krummen Beine, wenn sie wirklich nachts schlafen.

Der Mann stieg über die Mauerreste weg auf die Straße.

Natürlich, sagte er von da, euer Lehrer soll einpacken, wenn er das nicht mal weiß.

Da stand Jürgen auf und fragte: Wenn ich eins kriegen kann? Ein weißes vielleicht?

Ich will mal versuchen, rief der Mann schon im Weggehen, aber du musst hier so lange warten. Ich gehe dann mit dir nach Hause, weißt du? Ich muss deinem Vater doch sagen, wie so ein Kaninchenstall gebaut wird. Denn das müsst ihr ja wissen. Ja, rief Jürgen, ich warte. Ich muss ja noch aufpassen, bis es dunkel wird. Ich warte bestimmt. Und er rief: Wir haben auch noch Bretter zu Hause. Kistenbretter, rief er.

Aber das hörte der Mann schon nicht mehr. Er lief mit seinen krummen Beinen auf die Sonne zu. Die war schon rot vom Abend, und Jürgen konnte sehen, wie sie durch die Beine hindurchschien, so krumm waren sie. Und der Korb schwenkte aufgeregt hin und her. Kaninchenfutter war da drin. Grünes Kaninchenfutter, das war etwas grau vom Schutt.

Information

Wolfgang Borchert (1921–1947) lebte mit Unterbrechungen in Hamburg. Er hat die deutsche Literatur unmittelbar nach dem Zweiten Weltkrieg als Dramatiker und Erzähler entscheidend mitgeprägt. Nachdem er 1941 zum Wehrdienst eingezogen worden war, wurde er bald verwundet und wenig später wegen „Wehrkraftzersetzung" in ein Gefängnis überstellt, weil er als Soldat Briefe nach Hause geschrieben hatte, in denen er aus seiner Kritik am nationalsozialistischen System keinen Hehl gemacht hatte. Wegen politischer Witze wurde er bald erneut inhaftiert. Nach dem Krieg kehrte er schwer krank nach Hause zurück und schrieb in rascher Folge bedeutende Werke, z. B. das Drama „Draußen vor der Tür", bevor er an den Kriegs- und Haftfolgen starb.

Borchert gilt als Mitbegründer der deutschen Kurzgeschichte, die sich unmittelbar nach dem Zweiten Weltkrieg im Rahmen der so genannten Trümmer- und Kahlschlagliteratur entwickelte.

2 Bearbeiten Sie Schritt für Schritt die Seiten 37 bis 39, um die Aufgabe auf Seite 35 zu lösen.

Das erste Textverständnis formulieren

3 Schreiben Sie in eigenen Worten das Thema der Kurzgeschichte von Wolfgang Borchert auf. Berücksichtigen Sie dabei auch die Zeit, in der die Geschichte spielt

Inhaltliche Aspekte analysieren

4 Beschreiben Sie in Ihrer Kursmappe den **inneren Konflikt,** in den Jürgen in der ersten Phase des Gesprächs gerät.

5 Borchert konfrontiert den Leser an der folgenden Stelle mit einer **Wendung des Geschehens:**
„Der Mann sah von oben auf das Haargestrüpp. Aber dann sagte er plötzlich ..." (Z. 91ff.)
Stellen Sie in Ihrer Kursmappe dar, welche Einsicht der Mann hier gewinnt und welche Strategie er sich für den weiteren Fortgang des Gesprächs überlegt. Schreiben Sie aus der Perspektive des Mannes.

6 Welcher **entscheidende Moment** im Leben Jürgens wird von Wolfgang Borchert geschildert? Beantworten Sie die Frage in Ihrer Kursmappe.

Die Bild- und Sachebene der Kurzgeschichte untersuchen

7 In klassischen Kurzgeschichten finden sich oft Symbole (s. S. 21). Listen Sie mögliche Symbole aus der Geschichte auf und notieren Sie, was sie auf der Sachebene bedeuten könnten.

Symbole (Bildebene)	Bedeutung (Sachebene)
Staubgewölke (Z. 2)	*Zerstörung, Tod*
Schuttwüste (Z. 4)	
Sonne (Z. 18)	

Strukturmerkmale erkennen

8 Kreuzen Sie in der folgenden Gegenüberstellung alle Formulierungen an, die auf Borcherts Kurzgeschichte bezogen werden können.

Merkmale epischer Texte			
Ich-Erzähler			Er-/Sie-Erzähler
auktoriale (allwissende) Vermittlung			personale (durch die Perspektive einer Figur begrenzte) Sichtweise
Einführung des Lesers ins Geschehen			offener (unvermittelter) Anfang
Abschluss des Geschehens am Ende			offenes Ende
Geschehen aus der Innenperspektive wiedergegeben			Geschehen aus der Außenperspektive wiedergegeben
Rahmenhandlung			Binnenhandlung
einsträngiges Geschehen			mehrsträngiges Geschehen
zeitdeckend			zeitraffend bzw. zeitdehnend
kontinuierliche Vermittlung des Geschehens (linear)			diskontinuierliche Vermittlung des Geschehens (nicht linear, episodisch, Zeitsprünge etc.)
atmosphärisch dicht (Zeit- und Milieukolorit)			Verzicht auf Milieu-/Zeitkolorit (überzeitliche Darstellung)
Held (gelingendes Lebenskonzept)			Antiheld (misslingendes Lebenskonzept)
wohlwollende Nähe zum Geschehen			(ironische oder sonstige) Distanzierung vom Geschehen
inneres Geschehen (Gedanken, Gefühle)			äußeres Geschehen (Handlungen, Gespräche)
szenische Entfaltung			zusammenfassender Bericht
wörtliche Rede			indirekte Rede
direkt-realistische Darstellung			indirekt-bildhafte Darstellung
besondere stilistische Anstrengungen (z. B. mit Hilfe rhetorischer Figuren oder durch auffällige Syntax)			keine auffällige Stilisierung

Über die Geschichte schreiben

9 Formulieren sie zunächst einen Einleitungssatz, in dem Sie Angaben zu Autor, Titel, Thema und Textsorte machen.

___

___

___

10 Fassen Sie in Ihrer Kursmappe den Inhalt der Kurzgeschichte zusammen.

11 Nutzen Sie Ihre Vorarbeiten von den Seiten 37 und 38, um in Ihrer Kursmappe einige Strukturmerkmale der Geschichte darzustellen.

12 Entwickeln Sie drei Interpretationsthesen
- zum Verhalten des Jungen,
- zum Verhalten des Mannes,
- zur Symbolik.

Führen Sie Ihre Thesen mit Hilfe des folgenden Lückentextes schriftlich aus.

Jürgen, der Junge, ist allein am Ort des Geschehens zurückgeblieben. Obwohl er erst neun Jahre alt ist, zeigt er ein besonderes Verantwortungsbewusstsein, denn ____________________

____

____________________ *Das zeigt sich z.B. in Zeile* __________

hier teilt der Erzähler mit, dass ____________________

____

Gleichzeitig wird Jürgen aber auch als Kind dargestellt. Er ____________________

____

____

____

Der ältere Mann ____________________

____

____

Er erkennt, dass ____________________

____

____

Die Situation des Jungen spiegelt der Erzähler in einer Reihe von Symbolen. So weist er ____________________

____________________ *darauf hin, dass* ____________________

____

____

Außerdem ____________________

____

____

3 Poetische Texte verstehen – Drama

3.1 Eine Szene untersuchen und darüber schreiben

1 Stellen Sie sich vor, Sie sollen eine dramatische Szene unter einem bestimmten Gesichtspunkt analysieren. Lesen Sie den Szenenausschnitt aus Bertolt Brechts „Mutter Courage" und bearbeiten Sie anschließend die **Aufgaben zur Handlungs-, zur Gesprächs- und zur Figurenanalyse.**

Bertolt Brecht: **Mutter Courage und ihre Kinder** (1941)

In dem Stück, das im Dreißigjährigen Krieg (1618–1648) spielt, folgt Anna Fierling, genannt Mutter Courage, als Händlerin den Kriegstruppen, um ihnen Lebensmittel und Bedarfsgegenstände zu verkaufen. Gleichzeitig versucht sie, ihre Söhne vor den Kriegswerbern zu schützen.

Auszug aus dem ersten Bild:
Im ersten Bild trifft Mutter Courage mit ihren Kindern Eilif, Schweizerkas und der stummen Kattrin auf einen Feldwebel und einen Werber. Sie stellt dem Feldwebel ihre Kinder vor, die von verschiedenen Vätern stammen.

[...]

DER FELDWEBEL: Eine nette Familie, muß ich sagen.

MUTTER COURAGE: Ja, ich bin durch die ganze Welt gekommen mit meinem Planwagen.

DER FELDWEBEL: Das wird alles aufgeschrieben.

Er schreibt auf. [...]

DER WERBER: Ihr solltet lieber Jakob Ochs und Esau Ochs heißen, weil ihr doch den Wagen zieht. Aus dem Gespann kommt ihr wohl nie heraus?

EILIF: Mutter, darf ich ihm aufs Maul hauen? Ich möcht gern.

MUTTER COURAGE: Und ich untersags dir, du bleibst stehn. Und jetzt, meine Herren Offizier, brauchens nicht eine gute Pistolen oder eine Schnall, die Ihre ist schon abgewetzt, Herr Feldwebel.

DER FELDWEBEL: Ich brauch was andres. Ich seh, die Burschen sind wie die Birken gewachsen, runde Brustkästen, stämmige Haxen: warum drückt sich das vom Heeresdienst, möchte ich wissen?

MUTTER COURAGE *schnell:* Nicht zu machen, Feldwebel. Meine Kinder sind nicht für das Kriegshandwerk.

DER WERBER: Und warum nicht? Das bringt Gewinn und bringt Ruhm. Stiefelverramschen ist Weibersache. *Zu Eilif:* Tritt einmal vor, laß dich anfühlen, ob du Muskeln hast oder ein Hühnchen bist.

MUTTER COURAGE: Ein Hühnchen ist er. Wenn einer ihn streng anschaut, möchte er umfallen.

DER WERBER: Und ein Kalb dabei erschlagen, wenn eins neben ihm stünd. *Er will ihn wegführen.*

MUTTER COURAGE: Willst du ihn wohl in Ruhe lassen? Der ist nix für euch.

DER WERBER: Er hat mich grob beleidigt und von meinem Mund als einem Maul geredet. Wir zwei gehen dort ins Feld und tragen die Sach aus unter uns Männern.

EILIF: Sei ruhig. Ich besorgs ihm, Mutter.

MUTTER COURAGE: Stehen bleibst! Du Haderlump! Ich kenn dich, nix wie raufen. Ein Messer hat er im Stiefel, stechen tut er.

DER WERBER: Ich ziehs ihm aus wie einen Milchzahn, komm, Bürschchen.

MUTTER COURAGE: Herr Feldwebel, ich sags dem Obristen. Der steckt euch ins Loch. Der Leutnant ist ein Freier meiner Tochter.

DER FELDWEBEL: Keine Gewalt, Bruder. *Zu Mutter Courage:* Was hast du gegen den Heeresdienst? War sein Vater nicht Soldat? Und ist anständig gefallen? Das hast du selber gesagt.

MUTTER COURAGE: Er ist ein ganzes Kind. Ihr wollt ihn mir zur Schlachtbank führen, ich kenn euch. Ihr kriegt fünf Gulden für ihn.

DER WERBER: Zunächst kriegt er eine schöne Kappe und Stulpenstiefel, nicht?

EILIF: Nicht von dir.

MUTTER COURAGE: Komm, geh mit angeln, sagt der Fischer zum Wurm. *Zum Schweizerkas:* Lauf weg und schrei, die wollen deinen Bruder stehlen. *Sie zieht ein Messer.* Probierts nur und stehlt ihn. Ich stech euch nieder, Lumpen. Ich werds euch geben, Krieg mit ihm führen! Wir verkaufen ehrlich Leinen und Schinken und sind friedliche Leut.

DER FELDWEBEL: Das sieht man an deinem Messer, wie friedlich ihr seid. Überhaupt sollst du dich schämen, gib das Messer weg, Vettel! Vorher hast du eingestanden, du lebst vom Krieg, denn wie willst du sonst leben, von was? Aber wie soll Krieg sein, wenn es keine Soldaten gibt?

MUTTER COURAGE: Das müssen nicht meine sein.

DER FELDWEBEL: So, den Butzen soll dein Krieg fressen, und die Birne soll er ausspucken! Deine Brut soll dir fett werden vom Krieg, und ihm gezinst wird nicht. Er kann schauen, wie er zu seiner Sach kommt, wie? Heißt dich Courage, he? Und fürchtest den Krieg, deinen Brotgeber? Deine Söhn fürchten ihn nicht, das weiß ich von ihnen.

EILIF: Ich fürcht kein Krieg. [...] R

Die Mutter Courage aus Bertolt Brechts gleichnamigem Drama, gespielt von Helene Weigel in Berlin 1949

Die Handlung analysieren

2 Gliedern Sie den Szenenausschnitt, indem Sie die einzelnen Handlungsschritte im Text markieren.

3 Schreiben Sie den Inhalt der einzelnen Handlungsschritte in Stichworten neben den Text.

4 Geben Sie den Inhalt der Szene in Ihrer Kursmappe in wenigen Sätzen wieder.
Beziehen Sie dabei auch die Informationen zu den Figuren und zur Zeit der Handlung mit ein.

Methode Handlungsanalyse

In Bezug auf eine **Szene** oder einen Szenenausschnitt kann man Fragen stellen nach:

1. **dem Handlungsverlauf**
   - Womit beginnt die Handlung und womit endet sie? (z. B. Konflikt, Konfliktlösung ...)
   - Gibt es Brüche, Entwicklungen, Höhepunkte im Handlungsverlauf?
   - Wird der Handlungsverlauf von äußeren Faktoren beeinflusst? (z. B. Menschenansammlungen oder Ereignisse außerhalb des Geschehens auf der Bühne ...)
   - Wie lässt sich der Handlungsverlauf in einer Spannungskurve darstellen?
   - ...

2. **der Art der Handlung**
   - Spielt die Handlung eher im privaten oder im öffentlichen Bereich?
   - Ist die Handlung eher konfliktträchtig oder eher harmoniebestimmt?
   - Gibt es Handlung in dem Sinne, dass jemand aktiv ist?
   - ...

3. **der Stellung der Szene im Kontext**
   - Steht die Szene am Beginn oder am Ende der Handlung?
   - Werden Handlungen oder Motive aus vorangegangenen Szenen aufgenommen und weitergeführt?
   - Stellt die Szene einen Wendepunkt in der Handlung dar?
   - ...

5 Beantworten Sie die oben gestellten Fragen zum Handlungsverlauf und zur Art der Handlung.

Ein Gespräch analysieren

6 Fassen Sie jeweils in einem Satz zusammen, was der Feldwebel erreichen und was Anna Fierling verhindern will.

Feldwebel: ______________________________

____

Mutter Courage: ______________________________

____

7 Markieren Sie die Argumente des Feldwebels und Anna Fierlings im Text mit unterschiedlichen Farben.

8 Beantworten Sie in Ihrer Kursmappe die folgenden Fragen nach dem Gegenstand bzw. dem Inhalt und nach dem Verlauf des Gesprächs.

Methode **Gesprächsanalyse**

Man kann bei **Dialogen** Fragen stellen nach:

1. Gegenstand und Inhalt eines Gesprächs
2. dem Verlauf eines Gesprächs
3. der Beteiligung am Gespräch

zu 1. Fragen nach Gegenstand und Inhalt eines Gesprächs

- Worum geht es in dem Gespräch? (→ Gegenstand des Gesprächs)
- Was wird über den Gegenstand gesagt? (Informationen, Meinungen, … → Inhalt des Gesprächs)
- Welche Positionen werden von wem mit welchen Argumenten vertreten?
- Mit welchen Mitteln versuchen die Gesprächspartner, die anderen von ihrer Position zu überzeugen? (Argumente, rhetorische Mittel, …)
- Ändern sich die Positionen? Gibt es am Ende eine Klärung?
- …

zu 2. Fragen nach dem Verlauf eines Gesprächs

- Wie beginnt und wie endet das Gespräch?
- Gibt es dramatische Zuspitzungen? Wie äußern sich solche Zuspitzungen?
- …

zu 3. Fragen nach der Beteiligung am Gespräch

- Ist das Gespräch eher symmetrisch oder eher komplementär?
  (Das kann man u.a. häufig am Gesprächsanteil der Figuren ablesen.
  Eine symmetrische Kommunikation besteht zwischen Gesprächspartnern, die nach Gleichheit von Redeanteilen, Themensetzungen etc. streben.
  Eine komplementäre Kommunikation besteht zwischen Gesprächspartnern, die Unterschiede zwischen sich akzeptieren. Einer ist dominant, einer ist untergeordnet.)
- …

9 Nutzen Sie die Ergebnisse Ihrer Gesprächsanalyse, um in Ihrer Kursmappe eine Interpretationshypothese zu dem abgedruckten Szenenausschnitt zu formulieren.

Eine Figur analysieren

Information

Bei der Figurenanalyse unterscheidet man zwischen der Sichtweise, die die Figur von sich selbst hat (Selbstdarstellung), und der Art, wie die Figur von anderen Figuren im Stück gesehen wird (Fremddarstellung).

10 Unterstreichen Sie alle Textstellen, die Aufschluss über die Figur des Eilif geben. Beachten Sie dabei u.a. sein Aussehen, sein Verhalten, Äußerungen von ihm oder über ihn und seine sprachlichen Eigenheiten.

11 Notieren Sie Ihre Beobachtungen zur Figur des Eilif stichwortartig.

12 Ordnen Sie Ihre Beobachtungen aus Aufgabe 11, indem Sie Stichworte zur Selbst- und zur Fremddarstellung unterschiedlich markieren.

13 Beschreiben Sie, wie Eilif typisiert wird. Machen Sie deutlich, ob Sie die Fremddarstellung oder die Selbstdarstellung wiedergeben. Überlegen Sie auch, warum die Figuren sich in bestimmter Weise über Eilif äußern.

Methode **Figurenanalyse**

Man kann Fragen stellen nach:

1. den personalen Rahmenbedingungen
2. der Stellung der Figuren
3. den Eigenschaften der Figuren
4. den Beziehungen der Figuren zueinander

zu 1. Fragen nach den personalen Rahmenbedingungen

- Wie viele Figuren sind beteiligt und welche?
- Ist die Begegnung eine zufällige oder eine geplante?
- Ist sie ggf. von allen Beteiligten geplant oder nur von Einzelnen?
- Treten im Laufe der Szene weitere Figuren auf oder ab und wie wirkt sich dies auf den Gang des Gesprächs und/oder der Handlung aus?
- ...

zu 2. Fragen nach der gesellschaftlichen und privaten Stellung der Figuren

- Welche gesellschaftliche Stellung nimmt eine Figur ein?
- Welche private Stellung nimmt sie ein?
- Wie wirkt sich dies ggf. auf den Gang des Gesprächs und/oder der Handlung aus?
- ...

zu 3. Fragen nach den Eigenschaften der Figuren

- Welche Eigenschaften werden den Figuren (evtl. bereits in früheren Szenen) zugeschrieben?
- Welche Eigenschaften zeigen sie durch ihr Auftreten und ihre Sprache tatsächlich?
- Wie wirken sich diese Eigenschaften im vorliegenden Textauszug aus?
- ...

zu 4. Fragen nach den Beziehungen der Figuren zueinander

- Sind die Beziehungen offizieller oder privater Natur?
- Handelt es sich um gleichrangige Beziehungen oder um ein Verhältnis von Über- oder Unterordnung?
- ...

14 Nutzen Sie die oben gegebenen Informationen zur Figurenanalyse, um zwei Interpretationshypothesen zur Figur der Mutter Courage zu formulieren.

These 1: ______________________________

____

____

These 2: ______________________________

____

____

4 Basiskompetenzen des Schreibens trainieren – Fehlerdiagnose und -korrektur

4.1 Schreibkompetenzen testen – Übungsbedarf festlegen

Stil/Ausdruck

1 Setzen Sie in den folgenden Sätzen jeweils den richtigen Ausdruck ein.

Die Hauptfigur setzt den Fremden ______________________ (psychologisch/psychisch) unter Druck.

Er will seine Gesprächspartnerin ______________________ (hereinlegen/reinlegen).

Wenn man eine literarische Figur charakterisiert, kann man auch ihre ______________________ (sozialen/soziologischen) Verhältnisse betrachten.

Lorenz sieht beiden nach, wie sie die Treppe ______________________ (hinauf-/herauf-)gehen.

An dieser Stelle kommt die Maus aus ihrem Loch ______________________ (hinaus/heraus).

In beiden Landesteilen ist das Klima sehr ______________________ (anders/unterschiedlich).

Bei der Bewertung des Aufsatzes haben auch ______________________ (formale/formelle) Dinge eine Rolle gespielt.

Der Gesprächsleiter ermahnt die Diskussionsteilnehmer, auf der ______________________ (rationellen/rationalen) Ebene zu bleiben.

Satzbau

2 Ergänzen Sie die Sätze mit Hilfe der Wörter rechts. Achten Sie auf die richtige Reihenfolge der Wörter.

Es kann sich um keinen romantischen Text handeln, ______________________
______________________. *weil der Vorgang ist dargestellt realistisch*

Ein Lyriker kann Klangfiguren einsetzen, ______________________
______________________. *z. B. Alliterationen werden verwendet häufig*

Hier tritt ein anderes Metrum auf, ______________________
____
______________________. *weil wenn zwei Senkungen auf eine Hebung folgen ein Daktylus vorliegt*

Grammatik

3 In jedem der folgenden neun Sätze ist ein grammatischer Fehler versteckt. Unterstreichen Sie ihn und verbessern Sie den Fehler in der rechten Spalte.

1. *Es gibt viele Gelegenheiten, wo wir etwas erreichen können.* ______________________
2. *Hier fällt die mangelnde Übersicht und der schlechte Stil auf.* ______________________
3. *Doch Klaus, der Schüler, dem dieser Fehler unterlaufen war, interessiert das gar nicht.* ______________________
4. *Er teilt mit, dass die Stadt sieben Kilometer entfernt läge.* ______________________
5. *Das Metrum, was der Autor in diesem Gedicht verwendet hat, ist sehr unregelmäßig.* ______________________
6. *Die aufgewühlte Stimmung des lyrischen Ichs und die Frage, woher diese innere Unruhe stammt, ist hier besonders relevant.* ______________________
7. *Seine Kenntnisse über die romantische Epoche sind dürftig.* ______________________
8. *Diese Textgestaltung ist viel optimaler.* ______________________
9. *Der Autor schildert einen Konflikt zwischen dem Ehepaar.* ______________________

4 Formulieren Sie zu dem jeweiligen grammatischen Phänomen aus Aufgabe 3 eine Regel.

1. *„Wo" ist kein ______________________, sondern ein ______________________*
2. *Zwei Subjekte führen dazu, dass ______________________*
3. *Eine Apposition steht ______________________*
____
4. *In der 3. Person Singular wird der Konjunktiv ______________________*
5. *„Was" kann nur dann als Relativpronomen verwendet werden, wenn ______________________*
____
6. *Auch wenn zwei Subjekte in einem Satz sehr umfangreich sind, ______________________*
____
7. *Auf „Kenntnisse" folgt ______________________*
____
8. *Adjektive mit superlativischer Bedeutung (in der höchsten Steigerungsform) ______________________*
____
9. *„Zwischen" kann nur dann verwendet werden, wenn es ______________________*
____

Rechtschreibung

5 Füllen Sie die Lücken aus. Achten Sie dabei auch auf Groß- und Klein- bzw. Getrennt- und Zusammenschreibung.

Ein Wort und ...	... ein Ersatzwort	Ein Wort und ...	... ein Ersatzwort
etwas	*ein bi____chen*	vorbeigehen	*vo____übe____ehen*
Mann und Frau	*ein P____rchen*	keine Lust	*Desinte____e____e*
weiterschlafen	*liege______leiben*	Nummern geben	*nu____erieren*
eventuell	*vie____eicht*	im Einzelnen	*det____iert*
erneut	*wi____de____um*	eine gehörige Portion	*zi____mlich*
denn	*nä____lich*	in der Regel	*mei____tens*
Spülgerät	*Spülmasch____ne*	Gegenwehr	*W____derstand*
die Übrigen	*die ____nderen*	sich begegnen	*kenne______ernen*
Hinweis	*Ti____*	meistens	*im ____lgemeinen*
rednerisch	*____e____orisch*	vollständig	*gesa____t*
sofort	*dire____t*	selbst	*pers____nlich*
fürchterlich	*en____setzlich*	dir ist bekannt	*du wei____t*
verschwinden	*verlore______ehen*	nicht normal	*a____ormal*
gewalttätig	*a____ressiv*	regelmäßige Abfolge	*____y____mus*
gleichmäßig	*sy____etrisch*	sich trennen	*auseinande____ehen*

Den Übungsbedarf festlegen

6 Ermitteln Sie Ihren Übungsbedarf. Gehen Sie so vor:
- Übertragen Sie die Tabelle in Ihre Kursmappe. Nutzen Sie eine ganze Seite.
- Legen Sie durch die Reihenfolge der Einträge fest, welche Übungen am dringlichsten sind.
- Legen Sie in der vierten Spalte einen möglichst realistischen Zeitplan für Ihre Übungen fest.

Mein Arbeitsplan

Übungsbereiche	***In diesem Arbeitsheft zu finden auf Seite***	***Andere Unterlagen (Lehrbücher aus der Schule, Duden etc.)***	***Zeitplanung: von ... bis ...***
...	...	...	...

4.2 Rechtschreibung

Getrennt- und Zusammenschreibung

Information

Wenn **mehrere Wörter zu einem sprachlichen Ausdruck verbunden** sind, schreibt man sie **in der Regel** getrennt. Das gilt für:

- **Wortgruppen** mit dem Verb ***sein:*** *müde sein, im Stande sein.*
- Wortgruppen aus **Verb + Verb:** *essen gehen, lesen üben.*
  Bei Verbindungen, die in übertragenem Sinne gebraucht werden, kann auch zusammengeschrieben werden: *jemanden stehen lassen/stehenlassen, jemanden kennen lernen/kennenlernen, jemanden laufen lassen/laufenlassen.*
- die meisten Wortgruppen aus **Nomen + Verb:** *Eis essen, Klavier spielen,* **Adjektiv + Verb:** *genau nehmen, laut singen,* **Adverb + Verb:** *zusammen spielen, wieder gehen.*

Zusammen schreibt man unter anderem:

- **untrennbare Zusammensetzungen mit Verben,** bei denen die Reihenfolge der Bestandteile immer die gleiche ist: *schlafwandeln, vollbringen.*
- Verbindungen aus **Adjektiv + Verb,** in denen man das **Adjektiv nicht steigern kann:** *blaumachen, bereithalten.*
- **Nominalisierungen** von Wortgruppen: *das Beieinanderstehen, beim Radfahren.*

1 Füllen Sie die Lücken auf den Seiten 49 und 50 aus.

Skifahrten als Kursfahrten

(Antrag der SV an die Schulkonferenz):

Hiermit beantragt die SV, dass in Zukunft die Möglichkeit zum ______________ SKIFAHREN *auch in der Oberstufe angeboten wird. Das* ______________ SKILAUFEN *soll damit neben dem* ______________ BERGSTEIGEN *für den Sport-LK angeboten werden. Von den Kosten (300 Euro) soll noch ein Teil als Taschengeld* ______________ ÜBRIGBLEIBEN, *dies muss die Fahrtleitung* ______________ SICHERSTELLEN.

Begründung:

1. Bewegung wird immer wichtiger!

Vieles, was Jugendliche gerne machen (z.B. ______________ ______________ COMPUTERSPIELEN, FERNSEHEN, MUSIKHÖREN), *wird ohne jegliche Bewegung ausgeübt. Mediziner warnen davor, dass wir uns (und unsere Körper) gewissermaßen* ______________ HÄNGENLASSEN *und etwa Haltungsschäden* ______________ INKAUFNEHMEN. *Auch die Kondition kann – ohne ausreichende Bewegung – schnell* ______________ ABHANDENKOMMEN.

Mit einem weiteren Sportangebot in der Oberstufe kann Terrain für den Sport insgesamt ________________ ZURÜCKGEWONNEN werden.

2. *Gemeinsames ________________ SPORTTREIBEN ist sozial!*

Manch einer muss ________________ BEISEITESTEHEN, wenn andere ihn nicht mitspielen lassen. Viele können in ihrer normalen Umgebung andere nicht richtig ________________ KENNENLERNEN, weil sie keine Gelegenheit dazu haben oder weil sie zu schüchtern sind. Der Wintersport insgesamt ist sehr attraktiv, wie die Mittelstufen-Fahrten nach Österreich zeigen. Dieses Angebot sollte auch jeder ________________ WAHRNEHMEN, gerade weil es für das ________________ ZUSAMMENLEBEN so bedeutsam erscheint. Uns sollte die soziale Komponente in der Oberstufe nicht ________________ VERLORENGEHEN! Die SV hofft, dass die Teilnehmer/-innen der Schulkonferenz dem Antrag zustimmen und diese Möglichkeit für uns ________________ GEWÄHRLEISTEN. Wir wollen die Bedenken (auch die finanziellen!) nicht ________________ GERINGSCHÄTZEN, aber bei allem überwiegen die positiven Aspekte bei Weitem. Die SV verspricht, dass sie in einem Bericht über die ersten Fahrten den möglichen Bedenken ________________ RECHNUNGTRAGEN wird.

Information **Adjektiv + Verb**

Getrennt werden Verbindungen aus Adjektiv + Verb dann geschrieben, wenn sie wörtlich verstanden werden können: *Ich möchte, dass Sie die neuen Möbel gleich richtig stellen.*
Zusammen werden Verbindungen aus Adjektiv + Verb geschrieben, wenn sie im übertragenen Sinn gebraucht werden: *Ich möchte, dass Sie diese Aussage richtigstellen (= berichtigen).*

2 Entscheiden Sie, in welchem Satz getrennt und in welchem zusammengeschrieben werden muss, indem Sie die richtige Lösung unterstreichen. Begründen Sie Ihre Entscheidung mit der Wortbedeutung.

fertig werden – fertigwerden
- *An diesem schönen Sommertag wollte Emily möglichst schnell mit ihren Hausaufgaben fertig werden / fertigwerden.*
- *Ihr großer Bruder Louis hatte nur noch einen Gedanken: Er musste mit der Trennung von seiner Freundin Anouk fertig werden / fertigwerden.*

Begründung: ______________________________

richtig liegen – richtigliegen
- *Eltern denken oft, dass sie auf Grund ihrer Lebenserfahrung mit ihren Einschätzungen richtig liegen / richtigliegen.*
- *Wenn kleine Kinder im Bett nicht richtig liegen / richtigliegen, können sie oft nicht einschlafen.*

Begründung: ______________________________

schwer fallen – schwerfallen
- *Weil Niklas auf dem Schulhof schwer gefallen / schwergefallen war, rief die Pausenaufsicht den Notarzt.*
- *Nach dem Umzug ist es Mia schwer gefallen / schwergefallen, sich in ihrer neuen Umgebung einzuleben.*

Begründung: ______________________________

nahe liegen – naheliegen
- *Jakobs Eltern fragten sich, wie er auf dem nahe liegenden / naheliegenden Parkplatz eine Beule in ihr Auto fahren konnte.*
- *Die nahe liegende / naheliegende Begründung war, dass er den Blumentopf übersehen hatte, der die Parkbox begrenzte.*

Begründung: ______________________________

3 Formulieren Sie zu den folgenden Wortzusammensetzungen jeweils einen Satz in Ihrer Kursmappe. Verwenden Sie dabei die Wörter in ihrer übertragenen Bedeutung.

kürzertreten – weniger arbeiten
schiefgehen – misslingen
schwarzmalen – etwas sehr negativ, pessimistisch darstellen

4 Bilden Sie aus den Wortbestandteilen in der linken und in der rechten Spalte möglichst viele Verbindungen und schreiben Sie sie den Regeln entsprechend in Ihrer Kursmappe getrennt oder zusammen auf.

leicht krank richtig
bekannt bereit schwarz
fest kalt klar tot

fallen schlagen stellen
arbeiten schreiben werden
machen lassen

Information **Schwierigkeiten mit zu?**

Unterscheiden Sie: *Man muss die Tür zumachen. Da ist nichts zu machen.*
Probe: Im ersten Fall wird die Vorsilbe *zu*, im zweiten Fall das Verb betont.

5 Ergänzen Sie die folgenden Sätze. Entscheiden Sie, ob getrennt oder zusammengeschrieben werden muss.

1. *Jetzt habe ich vergessen, die Fenster* ______________________ . *(zu schließen)*
2. *Könntest du bitte noch* ______________________ ? *(zu schließen)*
3. *Können Sie mir das fest* ______________________ ? *(zu sagen)*
4. *Er hat wirklich nichts* ______________________ . *(zu sagen)*
5. *Wir könnten versuchen, hier* ______________________ . *(zu parken)*
6. *Du darfst die Ausfahrt nicht* ______________________ . *(zu parken)*

Information

Immer **getrennt:** *zu viel(e), wie viel(e), so viel(e).*

Aber: Die **Konjunktion *soviel*** wird – ebenso wie *sobald, sofern, solange, sooft, soweit, sowie* – zusammengeschrieben. Bei der Konjunktion liegt die Betonung auf der letzten Silbe *(soviel, sofern)*, während bei dem **Adverb *so viel*** beide Bestandteile betont sind. Unterscheiden Sie also:

Ich weiß so viel wie du. **Aber:** *Soviel ich weiß, kommen wir um zehn Uhr an.*
Er hat so lange geschlafen. **Aber:** *Solange er schläft, müssen wir leise sein.*

6 Schließen Sie die Lücken in den folgenden Sätzen. Wählen Sie geeignete Wörter aus:

zu viel so viel soviel so weit soweit so bald sobald

1. *Habe ich euch* ______________________ *versprochen?*
2. ______________________ *ich weiß, ist der Roman von Theodor Fontane.*
3. *Wir rufen an,* ______________________ *wir ankommen.*
4. *Am 14. Juli war es endlich* ______________________ *, wir konnten fahren.*
5. ______________________ *die Augen reichten, gab es nur Sandstrand.*

Methode

Die Getrennt- und Zusammenschreibung ist ein nicht ganz einfaches Kapitel der Rechtschreibung. Schlagen Sie im Zweifelsfall in einem aktuellen (!) Rechtschreibwörterbuch nach.
In einigen Fällen sind **beide Schreibweisen richtig,** z. B.: *an Stelle von* und *anstelle von, zu Gunsten* und *zugunsten, in Frage stellen* und *infrage stellen, ernst gemeint* und *ernstgemeint, nicht öffentlich* und *nichtöffentlich, allein erziehend* und *alleinerziehend, gut gemeint* und *gutgemeint, selbst gebacken* und *selbstgebacken, Rat suchend* und *ratsuchend, ein Zeit sparendes Verfahren* und *ein zeitsparendes Verfahren.*
Am besten schlagen Sie in Zweifelsfällen nach.

Groß- und Kleinschreibung

Information **Zeitangaben: Tageszeiten und Wochentage**

- Bezeichnungen für Tageszeiten und Wochentage werden **großgeschrieben,** wenn sie **Nomen** sind. Man erkennt dies oft an den üblichen Nomen-Signalen (Artikel, Artikel + Präposition, Adjektivattribut): *der Morgen, ein Samstagnachmittag, am Abend, für kommenden Mittwoch.*
- Zeitangaben, die **Adverbien** sind, werden **kleingeschrieben:** *mittags, morgens, samstagnachmittags.*
- Bei getrennt geschriebenen Kombinationen von Adverb und Nomen wird die Groß- und Kleinschreibung entsprechend beibehalten: *heute Mittag, Dienstag früh.*

7 Füllen Sie die Lücken.

LK-Kursfahrt nach Schottland

Unsere 31-stündige Odyssee sollte ihren Anfang an jenem verhängnisvollen ______________ ______________ MITTWOCHMORGEN *nehmen, als wir in aller ______________ ______________* HERRGOTTSFRÜHE *von Köln nach Rotterdam fuhren, wo wir dann – gerade noch ______________* RECHTZEITIG *– auf unsere Fähre umsatteln konnten.*

Der Aufenthalt auf der Fähre war überraschenderweise doch sehr, sehr lustig, was wohl an der boots-eigenen „Disco" lag, die wir ______________ GEGENABEND *heimsuchten.*

Dass ______________ NACHTS *alle Katzen grau sind, hatten wir ja schon einmal gehört, aber … vielleicht war es ja gut, dass da ______________* MINUTENLANG *unter Deck so wenig Licht war! Geschlafen hat in ______________* DIESERNACHT *jedenfalls kaum einer, am ______________* NÄCHSTENMORGEN *und vor allem ______________* TAGSÜBER *dafür umso mehr.*

______________ UNGEFÄHRMITTAGS *kamen wir in Edinburgh an, wo wir einiges gesehen und unternommen haben, z.B. ______________* ALSERSTES *eine Stadtrundfahrt. (Schöne Grüße hiermit an unsere Stadtführerin, die uns ______________ ______________* MEHRALSEINMAL *zu erklären versuchte, was „trendy" heißt: „Trendy heißt, da gehen junge Leute hin!")*

Im Studentenwohnheim angekommen, wurden ______________ ZUERST *die Zimmerschlüssel verteilt.*

Jede Etage hatte eine Gemeinschaftsküche, die wir natürlich am ______________________________ ______________________________ ERSTENABENDSOFORT einweihen mussten. Dort wurden auch die ersten Rastazöpfe von Melanie M. geflochten – eine Aktion, die etwa ______________________________ ______________________________ ZEHNSTUNDENLANG dauerte. Leider mussten wir ______________________________ MORGENS extrem ______________________ FRÜH aufstehen und ______________________________ TÄGLICH unseren Kram selbst spülen, denn eine Spülmaschine scheint in Schottland __________________________ BISHEUTE noch niemand erfunden zu haben. Das ______________________________________ FRÜHEAUFSTEHEN hatte nur einen einzigen Grund: Culture und History, und davon gibt's da 'ne Menge, glaubt's mir! […]

Auf der Rückfahrt lief alles wie auf der Hinreise: ______________________________ FRÜHMORGENS in den Bus, ______________________ NACHTS auf die Fähre mit Disco, __________________________ ______________________ AMNÄCHSTENMITTAG wieder in Deutschland. Zu Hause hieß es ________ __________ AMENDE Abschied nehmen von einer insgesamt __________________________________ ZEHNTÄGIGEN, aber vor allem supermegacoolen Kursfahrt!

Information **Geografische Namen, Herkunftsbezeichnungen**

- **Ableitungen** von geografischen Namen auf **-er** schreibt man **groß:**
  Kieler Bucht, Berliner Schnauze, Bremer Stadtmusikanten.
- **Ableitungen** von Eigennamen auf **-isch** gehören zur Wortart Adjektiv, man schreibt sie deshalb **klein:**
  rheinischer Frohsinn, oberfränkische Fußballmetropole, französischer Käse.
  Ausnahme: Ableitungen auf -isch, die Teil eines Eigennamens sind, schreibt man groß:
  der Bayerische Rundfunk, die Sächsische Schweiz.

8 Ordnen Sie den folgenden Begriffen jeweils die passende Herkunftsbezeichnung bzw. Ableitung eines geografischen Namens zu, indem Sie sie verbinden.

Ägäis	Akropolis
Athen	Baguette
Brüssel	Dom
Finnland	Inseln
Frankreich	Inseln
Friesland	Käse
Holland	Lebkuchen
Köln	Sauna
London	Seefahrer
Nürnberg	Spitzen
Portugal	Stierkampf
Schottland	Tower
Schweiz	Tulpen
Spanien	Whisky

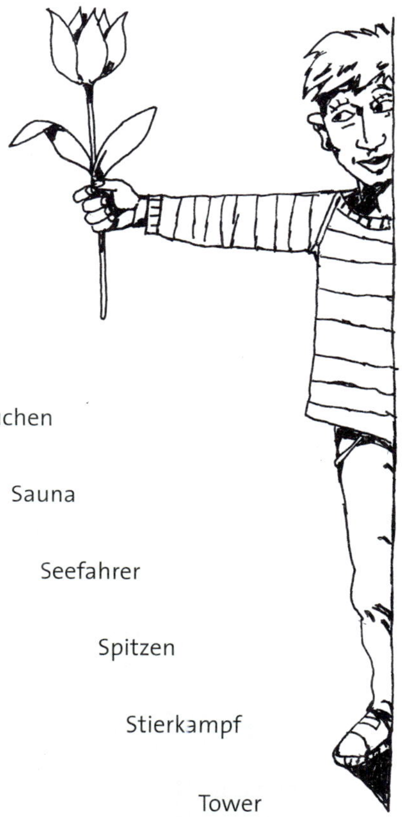

9 Schreiben Sie die Kombinationen aus Aufgabe 8 auf. Achten Sie auf die Groß- und Kleinschreibung.

___

___

___

___

___

Information **Nominalisierungen**

Werden Adjektive und Verben/Partizipien im Satz als **Nomen** gebraucht, so schreibt man sie groß.
Diesen Vorgang nennt man **Nominalisierung.**
Man erkennt das an den **Nomensignalen:**

- Artikel, Pronomen: ***das** Schwimmen, **mein** Fluchen.*
- Präposition (mit Artikel): ***beim (= bei dem)** Schwimmen, **aufs (= auf das)** Äußerste.*
- Mengenangaben: ***viel** Neues, **wenig** Nützliches.*

Achtung: Kleingeschrieben werden immer: *der **eine**, der **andere**, **viel** und **wenig**.*

10 Schreiben Sie die passenden Wörter in die Lücken und kreisen Sie die Nomensignale ein.
Achtung: Es handelt sich nur zum Teil um Nominalisierungen.

andere blau dunkel dunkel eine essen fragen und murren frei groß

groß und ganz grün gut jung klein letzte möglich müssen schlecht

trüb übrig warten wenig wesentlich

Manch Ungewöhnliches von der Kursfahrt gen Osten

Polen hieß das ungewöhnliche Kursfahrtziel unserer Jahrgangsstufe 12, eine Fahrt, die im ______________________ als gelungen bezeichnet werden kann.

35 Schülerinnen und Schüler sowie drei Lehrer besuchten mit zunächst wechselvollen Gefühlen unseren ____________ Nachbarstaat. Im ________________ kamen wir an der Grenze an, sodass wir die Grenzkontrolle im ________________ schlafend ertrugen. Am Morgen fuhren wir durch die herrliche Landschaft, quasi ins ____________, wir hatten aber manchmal den Eindruck, es wäre eine Fahrt ins ____________ – keiner schien zu wissen, wie's weitergeht! Wir wollen hier nichts ________________ über den Busfahrer sagen – er war wirklich sehr nett! –, aber mit seiner Straßenkarte schien er manchmal im ________________ zu fischen. Ungeduldiges ______________________ wurde im Bus laut. Die ____________ spielten Karten, die ____________ sangen alles ________________.

Mit einstündiger Verspätung passierten wir dann Berent, das heutige Koscierzyna; ein Regenguss färbte die Landschaft in ________________, gespenstische Farben, der grelle HIT-Supermarkt wirkte ein ____________ fehl am Platze – hier so weit im Osten. Wo blieb Danzig, polnisch: Gdansk?

Zu guter ________________ sollte sich dennoch alles zum ________________ wenden:

21 Uhr – Danzig! Hafenstadt und Metropole. Das ________________ Jugendhotel hatte sich gut versteckt zwischen den Studentenwohnheimen, und ohne Irmgard und ihre Polnischkenntnisse hätten wir die Nacht wohl im ________________ verbringen müssen.

Das ________________ ließ auf sich ________________ und so trieb uns der Hunger zu McDonald's – im ________________ auch hier im Osten ein ________________ für alle Jugendlichen. Auf unsere mühsam vorformulierte Frage nach dem Weg dorthin: „Czeprasem, gdzie jest McDonald's?", antwortete ein ________________ Pole ebenso fließend: „Just go straight on. It's on your right." Polen ist eben Europa.

11 Bilden Sie Sätze oder Ausdrücke, in denen nominalisierte Farbadjektive vorkommen, z. B.:
Bei Rot muss man anhalten.
Verwenden Sie: *weiß, gelb, orange, rosa, blau, grün, türkis, braun, silber(n), gold(en)* und *schwarz.*

Information **Denominalisierungen**

Leitet man aus einem Nomen ein Wort einer anderen Wortart ab, bezeichnet man dies als „Denominalisierung".
Aus Nomen entstandene Wörter anderer Wortarten werden **kleingeschrieben.**
Denominalisierte Wörter sind zum Beispiel:
pleite, schuld, gram, leid, angst, bange in Verbindung mit *sein, bleiben* oder *werden.*

12 Bilden Sie mit den folgenden Wörtern bzw. Wortgruppen Beispielsätze, in denen Sie die Wörter in der angegebenen Schreibweise verwenden.

Ernst ernst nehmen

Du musst endlich mit deinem Versprechen Ernst machen.

Es fiel ihm schwer, seine kleine Schwester ernst zu nehmen.

Wert wert sein

Schuld schuld sein

Pleite pleite sein

Angst angst und bange werden

Leid leid werden

Recht recht sein

Gram gram sein

s-Laut

Information **s, ss oder ß?**

Das **stimmlose s** schreibt man
- nach kurzem Vokal fast immer **ss,** z. B. *Wasser;*
- nach langem Vokal oder Diphthong **ß,** z. B. *Straße, reißen;*
- mit einfachem **s,** wenn es bei Verlängerung stimmhaft wird, z. B. *Gras – Gräser.*

Das **stimmhafte s** schreibt man immer **s,** z. B. *Nase, Senf.*

13 Der folgende Text kam per E-Mail aus den USA. Der Erfahrungsbericht soll in der Schülerzeitung abgedruckt werden, aber er enthält noch Fehler beim s-Laut. Korrigieren Sie die Fehler in der Randspalte.

VORSICHT FEHLER!

Bericht aus den USA

Schon der Flug in die USA war nicht gerade das Beste, was mir pasieren konnte. Montagmorgen (nach einem stressigen Wochenende) musten wir schon um vier Uhr zum Flughafen, tja und der Abschiedschmerz, das ist schon was. Mein Flug ging um sieben, und um 8.10 Uhr, als der durchschnittliche deutsche Schüler schon, na ja sagen wir: sechs Minuten im Klasenraum sass, war ich schon in Amsterdam, wo ich sechs Stunden Aufenthalt hatte. Was macht man so in sechs Stunden? Na ja, darüber nachdenken, ob du auch alles mithasst, Batterien kaufen, essen, CDs hören, besser noch mal nach Hausse telefonieren, den ganzen Flughafen abgrassen (schon kras, wie gross der ist!). Im Flugzeug sass ich prompt auf dem falschen Platz. Zum Glück gibt's ja immer Pasagiere, die auf ihren Sitzplatz bestehen. Mein richtiger Platz war ausserdem deutlich besser, denn statt eines stämmigen 2-Meter-Riessen hatte ich nun einen 21-jährigen Studenten aus Ungarn neben mir sitzen, der echt nett war. So konnte ich schon mal mein Englisch etwas erproben. […]

Kurz zu meiner Gastfamilie: Er heisst Alfred (knapp 50), sie Carol (über 50), und er ist ein fleissiger Wisenschaftler (ich glaube Astrophyssik oder so) und er kommt aus Österreich, spricht aber aus Prinzip kein Deutsch mit mir, was ich auch gut finde. Sie ist eine „erstklassige" Künstlerin, aber doch mehr Hausfrau, wie ich festgestellt habe, und sie ist kein Fleisch. Anders als die beiden Hunde (Baron und Lillipont) und die Katze (Miss Kiddi). Mit den Hunden muss ich mich erst noch anfreunden, was gewiss nicht einfach ist, denn im Grunde hasse ich Hunde (Haha! Reimt sich!). Draussen haben die Weinders auch noch eine grosse Weide mit einigen weissen Schafen und einem Lama. […]

14 In den folgenden Sätzen sind alle s-Laute durch Fragezeichen ersetzt.
Schreiben Sie die Sätze korrekt auf. Achten Sie auf die Groß- und Kleinschreibung.

DA ? BE ? TEWARDIEPA ? KONTROLLEDA ? HAT ? OLANGEGEDAUERTDA ? ICHMICHBEEILENMU ? TEUM MEINENANSCHLU ? FLUGZUERREICHENMACHTNICHT ? DIEHABENAUCHSTRE ? WEGENDER ? ICHER HEIT ? VORSCHRIFTENI ? TJASCHLIE ? LICHAUCHBE ? ER ? O.

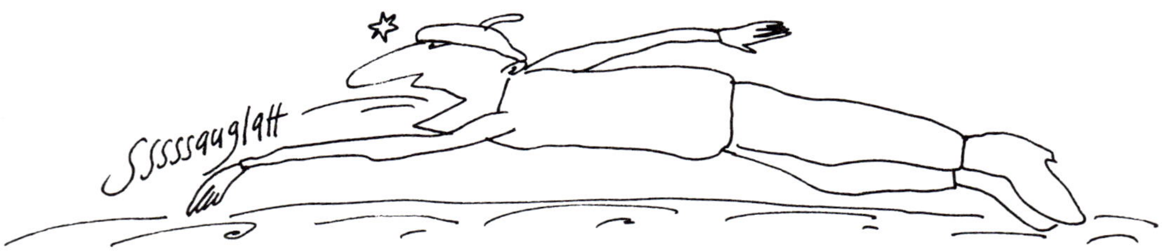

Information ***das* oder *dass*?**

Das Wort *das* kann drei unterschiedliche grammatische Funktionen haben.
In allen drei Fällen kann man es ersetzen und so feststellen, wie es geschrieben wird:

Funktion	Ersatzprobe mit ...	Beispiel	Beispiel
bestimmter Artikel	unbestimmtem Artikel *ein*	*Sie wartete darauf, **das** Spiel zu eröffnen.*	*Sie wartete darauf, **ein** Spiel zu eröffnen.*
	Demonstrativpronomen *jenes, dieses*		*Sie wartete darauf, **jenes / dieses** Spiel zu eröffnen.*
Demonstrativpronomen	anderem Demonstrativpronomen *dies, dieses*	***Das** darf doch wohl nicht wahr sein!*	***Dies** darf doch wohl nicht wahr sein!*
Relativpronomen	anderem Relativpronomen *welches*	*Das Kind, **das** schreit, ist meine Schwester.*	*Das Kind, **welches** schreit, ist meine Schwester.*

Die **Konjunktion** *dass* leitet einen Nebensatz ein. Der Nebensatz kann vor oder hinter dem Hauptsatz stehen:
*Es ist bekannt, **dass** viele mit der Rechtschreibung Schwierigkeiten haben.*
***Dass** die deutsche Rechtschreibung nicht einfach ist, wissen alle.*

Die Konjunktion lässt sich **nicht** durch *dieses, jenes, welches* ersetzen.

15 Setzen Sie *das* oder *dass* ein. Kreisen Sie die Konjunktion *dass* ein.
Unterstreichen Sie das Demonstrativpronomen *das* und unterschlängeln Sie das Relativpronomen *das*.

Dass das „dass", ________ mit doppeltem „s" geschrieben wird, so häufig falsch geschrieben wird, ________ ist allgemein bekannt und hat die Rechtschreibreformer seinerzeit gereizt, ________ „________" mit doppeltem „s" gänzlich abzuschaffen und durch ________ „________" mit einfachem „s" zu ersetzen. ________ hätte den Vorteil gehabt, ________ die meisten Schülerinnen und Schüler ________ Problem, ________ ihnen die Schreibung der s-Laute bereitet, los gewesen wären. Die meisten Sprachforscher waren sich Ende des letzten Jahrhunderts auch einig darüber, ________ ________ Ändern dieser Schreibregel nicht zu Verständnisproblemen geführt hätte. Allerdings befürchteten viele, ________ dadurch, ________ man die Unterschiede zwischen Artikel, Pronomen und Konjunktion verwische, ________ grammatische Wissen weiter abnehme. Sie wiesen darauf hin, ________ es gar nicht schwer sei, ________ kleine Wörtchen korrekt zu schreiben, wenn man sich darüber im Klaren sei, ________ es sich um eine Konjunktion handele. Außerdem gebe es ja immer noch die berühmte „Eselsbrücke". Es sei eben möglich, ________ man ________ „________" ersetzt, z.B. durch ________ Pronomen „dieses" oder „welches". ________ „________", ________ sich ersetzen lässt, schreibt man mit einfachem „s", ________ andere, die Konjunktion nämlich, eben mit doppeltem. Man brauche also nur auf ________ grammatische Verständnis zu bauen und schon sei man die Fehler los. So einfach sei _________. Die Reformer führen ins Feld, _________ sich _________ Phänomen auch bei einem anderen gleich klingenden Wort ergebe, _________ durchaus gleich geschrieben werde: _________ Wörtchen „bis", _________ entweder Präposition *(Wir fuhren bis Tagesanbruch.)* oder Konjunktion *(Wir fuhren, bis wir Rom erreichten.)* sein kann. Letztlich konnten sich die Reformer jedoch nicht durchsetzen, so _________ nun alle Schülerinnen und Schüler _________ korrekte Schreiben des Wörtchens „_________" bzw. „_________" üben müssen.

16 Zu zweit können Sie sich testen: Eine oder einer sagt einen Satz, in dem das Wort *das / dass* vorkommt, die oder der andere muss sagen, wie das Wort geschrieben wird (und natürlich begründen, **warum** dies so ist!).

17 **a** Füllen Sie die Lücken mit *dass* oder *das*.
b Schreiben Sie in Klammern, um welche Wortart es sich jeweils handelt:

bestimmter Artikel = Art.
Demonstrativpronomen = Dem. Pron.
Relativpronomen = Rel. Pron.
Konjunktion = Konj.

_________ (_____________) Kind, _________ (_____________) andere Kinder ärgert, kann sich nicht darauf berufen, _________ (_____________) es noch ein Kind ist, denn es weiß bereits sehr früh, _________ (_____________) man _________ (_____________) nicht tut. _________ (_____________) Kinder trotzdem streiten, liegt daran, _________ (_____________) _________ (_____________) Ärgern auch eine Form des Ausprobierens ist, _________ (_____________) heißt, _________ (_____________) Kinder erfahren wollen und müssen, _________ (_____________) es Grenzen gibt, die sie nicht überschreiten dürfen. Manche Erwachsene verstehen _________ (_____________) jedoch nicht, so _________ (_____________) sie sich vom Kind, _________ (_____________) ihre Anweisungen missachtet, beleidigt fühlen und nicht erkennen, _________ (_____________) _________ (_____________) Verhalten, _________ (_____________) _________ (_____________) Kind zeigt, in gewissem Sinne ganz normal ist. Wichtig ist jedoch, _________ (_____________) Eltern dem Kind die Grenzen aufzeigen und deutlich sagen: _________ (_____________) geht so nicht!

Fremdwörter

Methode

Die Rechtschreibung der Fremdwörter ist schwierig, weil dort teilweise die Regeln der Herkunftssprache gelten. Wenn Sie unsicher sind, sollten Sie nachschlagen.

Einige Regeln gelten für die Schreibweise vieler Fremdwörter, sodass es sich lohnt, sie sich zu merken.

Information **t- und f-Laut**

Der **t-Laut** wird bei Fremdwörtern aus dem Griechischen häufig *th* geschrieben:
Orthografie, Ethnologie, Rhythmus.
Einige Wörter darf man auch mit einfachem *t* schreiben:
Tunfisch neben *Thunfisch* oder *Panter* neben *Panther.*

Der **f-Laut** wird bei Fremdwörtern häufig *ph* geschrieben. Allerdings werden viele Wörter mit *ph* allmählich **eingedeutscht** (integriert) und können darum auch mit *f* geschrieben werden, z. B.:
Biographie oder *Biografie, Photo* oder *Foto, Delphin* oder *Delfin.*
Aber Vorsicht: Es bleibt bei *Philosophie, Phänomen, Metapher* und *Sphäre.*

18 Ergänzen Sie in den folgenden Fremdwörtern *t* oder *th* und *ph*.

die ____eorie *die ____ysik* *der ____ymian* *der ____riller* *die ____rilogie* *die ____elepa____ie*

die ____ragödie *die ____eologie* *der Eu____emismus* *der Paragra____* *der ____ermos____a____*

die ____iloso____ie *der ____ron* *die ____ese* *das ____änomen* *die ____rase* *die ____rompete*

der ____erapeut *die A____mos____äre* *das ____elegramm* *der ____rium____* *der As____al____*

Information **der lange i-Laut**

Die Endungen **-in[e], -ite** werden trotz des lang gesprochenen Vokals nicht mit *ie* geschrieben:
Termin, Maschine, Elite.
Dagegen wird der **lange i-Laut** am Wortende und in der Endung *-ier-* mit *-ie-* geschrieben:
Kopie, Geologie, Polier[en], Sanierung.

19 Suchen Sie weitere Beispiele.

Terrine, ____________________

Rendite, ____________________

Chemie, Sinfonie, ____________________

Restaurierung, Rationalisierung, ____________________

____

buchstabieren, kommunizieren, ____________________

____

Information **Verdoppelte und nicht verdoppelte Konsonanten**

Der **k-Laut** wird auch nach kurzem Vokal nicht als *ck* geschrieben: *Charakter, Politik.*
Allerdings gibt es bei Wörtern aus dem Lateinischen im Wortinnern manchmal die Schreibung *kk: Akklamation, akkurat.*
Auch andere Konsonanten werden häufig trotz betontem Vokal **nicht verdoppelt:** *Ananas, Kamera, Profit.*

Andererseits wird manchmal **verdoppelt,** auch wenn der vorausgehende kurze Vokal nicht betont ist, immer bei stimmlosem (scharfem) *s* wie *Fassade, Rezession,* aber auch bei anderen Konsonanten: *Batterie, frappant, Konstellation.*
Oft wird der Konsonant einer fremdsprachigen Vorsilbe an den Anfangskonsonanten des Folgewortes angeglichen, wie z. B. *ad-* in *Affekt, attraktiv; dis-* in *Differenz, diffamieren; sub-* in *suggerieren* ...

20 Setzen Sie den passenden Konsonanten ein und achten Sie darauf, ob verdoppelt werden muss. Die Wörter sind alphabetisch geordnet, um das Nachschlagen zu erleichtern.

abstra____t	A____ression	A____tion	a____tuell	A____arat
A____etit	A____raktion	Bri____ett	Di____tat	Di____erenz
Di____ektor	Disku____ion	ele____trisch	Fa____ade	Ga____erie
Gra____atik	Inspe____tor	Ka____iere	Karu____ell	Ko____ando
korre____t	Li____it	nu____erieren	O____osition	Pa____ast
pa____ieren	pla____ieren	Porze____an	pra____tisch	ra____iniert
Relie____	Sta____iol	Te____asse		

Information **Ein Wort – zwei Schreibweisen**

Der *z(i)* gesprochene Laut in Wörtern, die von einem Fremdwort auf *-z* (aus lateinisch *-ti-*) abgeleitet sind, kann auf zweierlei Art geschrieben werden:
Sequenz – sequenziell (neben *sequentiell*), *Differenz – Differenzial* (neben *Differential*).
Weitere Eindeutschungen sind u. a.:

- bei Wörtern aus dem Englischen auf *-y:* Plural nach deutscher Regel durch einfaches Anhängen von *-s,* also: *zwei Babys.*
- bei Wörtern aus dem Französischen, die auf betontes *-e* ausgehen, das im Französischen *é* geschrieben wird, Endung *-ee* (wie schon früher in *Armee* oder *Resümee*):
  Varietee (neben *Varieté*), *Exposee* (neben *Exposé*), *Portmonee* (neben *Portemonnaie*).

Bei Zusammensetzungen, besonders aus dem Englischen, wird zusammengeschrieben; erlaubt ist aber auch die Schreibung mit Bindestrich: *Hairstylist / Hair-Stylist, Midlifecrisis / Midlife-Crisis.*
Die Worttrennung erfolgt auch bei Fremdwörtern nach Sprechsilben: *pä-da-go-gisch, Sig-nal, Chi-rurg.*
Daneben bleibt die Trennung nach den Bestandteilen des Wortes in der Herkunftssprache möglich: *päd-a-go-gisch, Si-gnal, Chir-urg.*

21 Welche Schreibweise ist richtig? Streichen Sie die falsch geschriebenen Wörter durch und schreiben Sie die Wörter in der richtigen Schreibweise noch einmal auf. Bei einem Wort gibt es zwei korrekte Schreibweisen.
Tipp: Sehen Sie im Zweifel im Wörterbuch nach.

Rhythmus	Rhytmus	Rythmus	______
Diskrezion	Diskretion	Disskretion	______
Abstinentz	Abstinenz	Abstienenz	______
Katastrophe	Kathastrophe	Katastrofe	______
Illusion	Ilussion	Ilusion	______
effecktiv	efektiv	effektiv	______
deligieren	delegieren	diligieren	______
Athmosphäre	Atmosphäre	Atmosphere	______
Establisment	Establissment	Establishment	______
Eskapade	Esskapade	Eskarpade	______
Letagie	Lethagie	Lethargie	______
Konsequenz	Konsequentz	Konnsequenz	______
inzenieren	inszenieren	inszeniren	______
Retorik	Rethorik	Rhetorik	______
Aktivität	Acktivität	Aktivitet	______
proffesionell	professionel	professionell	______
Stimulazion	Stimulation	Stimmulation	______
Plattitüde	Platitude	Plattitude	______

22 Wie wird der **s-Laut** in den folgenden Fremdwörtern geschrieben? In Frage kommen *s*, *ss* und *c*.
Tipp: Vor *-t* und *-k* gibt es nur *s*.

Adre____e *Annon____e* *A____phalt* *Balan____e* *Breakdan____e* *Chan____on*

de____tillieren *de____truktiv* *di____kret* *Di____cnanz* *E____pre____o* *Ho____pital*

Ka____ette *Kompa____* *Kompo____t* *Kri____tall* *Mikro____kop* *Mu____kat*

Proze____ *Servi____e* *Stewarde____* *su____pekt* *Sy____tem* *Tran____e* *Transmi____ion*

23 Ordnen Sie die Fremdwörter den deutschen Entsprechungen zu, indem Sie sie danebenschreiben.

Personal typisch Tyrann Skandal simultan variabel Risiko relativ Parterre

orthodox Examen Alarm aktuell akut Exponat Expedition rigoros Sensibilität

spontan dezent

1. *Aufsehen erregendes, empörendes Vorkommnis* ____________
2. *zeitgemäß, zeitnah* ____________
3. *veränderlich, abwandelbar* ____________
4. *streng, rücksichtslos* ____________
5. *Gewaltherrscher* ____________
6. *Erdgeschoss* ____________
7. *gleichzeitig, gemeinsam* ____________
8. *ziemlich, verhältnismäßig* ____________
9. *Belegschaft* ____________
10. *Gefahr, Wagnis* ____________
11. *dringend, unvermittelt auftretend* ____________
12. *unverkennbar* ____________
13. *rechtgläubig, strenggläubig* ____________
14. *Empfindlichkeit* ____________
15. *Prüfung* ____________
16. *unmittelbar, freiwillig* ____________
17. *taktvoll, feinfühlig* ____________
18. *Forschungsreise* ____________
19. *Ausstellungsstück* ____________
20. *Warnung bei Gefahr* ____________

24 Suchen Sie weitere Fremdwörter, die in die Listen passen.

ph	th	y	-tion
Paragraph	*Bibliothek*	*Zylinder*	*Intervention*
Katastrophe	*Antipathie*	*System*	*Projektion*
____	____	____	____
____	____	____	____
____	____	____	____
____	____	____	____
____	____	____	____

-iv(e)	-ik	-eur	-ier
Objektiv	*Statistik*	*Amateur*	*Manier*
Initiative	*Informatik*	*Chauffeur*	*Polier*
____	____	____	____
____	____	____	____
____	____	____	____
____	____	____	____
____	____	____	____

Rechtschreibung – Zwei Trainingstexte

Methode

- Richtige Rechtschreibung ist nicht nur eine Frage der Regelkenntnis, sondern auch der Konzentration, besonders wenn Sie zu Flüchtigkeitsfehlern neigen.
- Konzentriertes Korrekturlesen kann man trainieren. Lesen Sie bewusst langsam, sprechen Sie den ganzen Text oder einzelne Wörter halblaut vor sich hin, ohne Endungen zu verschlucken. Wenn Sie merken, dass Sie zu schnell lesen, probieren Sie einmal Folgendes: Decken Sie den Text mit einem Blatt ab, das Sie nur nach und nach aufdecken.
- Wenn Ihnen ein Wort „komisch" vorkommt, schreiben Sie es zur Probe in anderer Schreibweise auf einen Zettel.
- Denken Sie an die Rechtschreibproben: Ableiten und Verlängern. Achten Sie außerdem auf Nomensignale und darauf, ob Vokale kurz oder lang gesprochen werden.

25 Für viele Schreibende ist die Groß- und Kleinschreibung die hauptsächliche Fehlerquelle.
Korrigieren Sie den folgenden Text, indem Sie alle Nomen und nominalisierten Wörter markieren.

Steven Roger Fischer: **Weltsprache** (2003)

Bald werden alle sprachen der welt bis auf einen kleinen überrest verschwunden sein und nur eine sprache für die ganze menschheit zurücklassen. Mit diesem verlust wird die neue globale gesellschaft einen bislang ungekannten grad an kommunikation erreichen, der allen bereichen des menschlichen handelns nutzen bringt. Wir werden einen großteil der kulturellen vielfalt der erde verlieren, aber gleichzeitig ein neues zugehörigkeitsgefühl gewinnen, eine neue weltordnung. Viele befürchten jedoch, dass mit einer einzigen weltsprache die gefahr beispielloser politischer manipulation, propaganda und kontrolle wachsen wird. Der verlust der muttersprache führe, so meinen sie, zum verlust der kulturellen identität und zu einem wachsenden gefühl der entfremdung. Eine weltsprache könnte vorteile bringen, aber vielleicht ist der preis dafür zu hoch. Wie immer die sprachliche zukunft der erde aussehen mag, die sprache wird sich weiterhin gemeinsam mit der menschheit entwickeln, wie sie es seit etwa einer million jahren getan hat.

26 Im folgenden Text gibt es 22 Rechtschreibfehler.
Markieren Sie die Fehler im Text und korrigieren Sie sie in Ihrer Kursmappe.

VORSICHT FEHLER!

Über Stanislaw Lem

Stanislaw Lem, 1921–2006, studirte Medizin und beschäftigte sich mit Physik, Kybernethik, Mathematik und Philosophie. Er gründete die Polnische Astronautiche Geselschaft und arbeitete als Assisstent für angewante Psychologie. Er war als Übersetzer, Autoschlosser und Monteur tätig, befor er mit seinen Science Fiction Romanen weltberühmt wurde. Er lebte mit seiner Frau, einer Radiologin, in der nähe von Krakau.

In vielen seiner Bücher hat Lem kümftige Entwicklungen wie die Gentechnick, die Nanotechnik oder den Bargeldlosen Zahlungsverkehr vorher gesagt. Doch mittlerweile ist der erfolgreiche polnische Science-Fiction-Autor zu einem endschiedenen Kritiker dieser gattung geworden: Seine futorologischen Visionen wie die reizvollen Ausflüge in den virtuellen Raum oder bemannte Flüge zu fernen Planeten seien nur Wahngebilde. In seinem vieleicht bekantesten Roman „Solaris" steht der Satz: „Wir brauchen keine anderen Welten, wir brauchen nur Spiegel." Statt über techniche „Wahnideen" schreibt er Heute lieber über den Umgang mit der kaum zu bändigenden modernen Wissensflut und den gefehrlichen Trent zu „Wissensmonokulturen".

4.3 Zeichensetzung

Das Komma bei Einschüben, Anreden, Ausrufen, Nachträgen

Information **Komma bei Einschüben, Anreden, Ausrufen, Nachträgen**

Einschübe, Anreden oder **Ausrufe** und **vorangestellte** oder **nachgetragene Satzteile** werden vom übrigen Satz durch Komma getrennt:
*Nächstes Jahr, **spätestens im Oktober,** kommen wir euch besuchen. (Einschub)*
***Herr Mayer,** darf ich Sie um eine Auskunft bitten? (Anrede)*
***Einen Augenblick bitte,** ich komme sofort. (Ausruf, vorangestellt)*
*Im Mai haben wir Rom besucht, **eine wunderbare Stadt.** (Nachtrag)*

1 Lesen Sie die folgenden Sätze laut und mit deutlichen Pausen.
Lesen Sie jeden Satz zweimal und setzen Sie beim zweiten Lesen Kommas, wo Sie es für angebracht halten.

1. *Frau Reling könnten Sie mir einen neuen Ausweis ausstellen?*
2. *Da kommt Christian unser Werbefachmann mit den Probeexemplaren.*
3. *Gleich kommt wieder diese Werbung die mit dem Rückwärtsgang.*
4. *Heute nach mehr als zwei Wochen haben wir endlich Antwort bekommen.*
5. *Ich esse gern Obst besonders Apfelsinen.*

2 Begründen Sie die Kommasetzung in den folgenden Beispielen.

1. *Stefan, willst du mit in die Stadt fahren?*
2. *Wirklich faszinierend, diese Fotos.*
3. *Maria, meine Freundin, hat gestern ihren Führerschein gemacht.*
4. *Entschuldigen Sie, können Sie mich mitnehmen?*
5. *Für die Indianer war das weite Grasland, die Prärie, mit seinen sanften Hügeln keine Wildnis.*
6. *Später, Anfang oder Mitte Mai, können die Pflanzen dann ins Freie.*

1. ____________________
2. ____________________
3. ____________________
4. ____________________
5. ____________________
6. ____________________

Methode

Es hilft, Sätze laut und deutlich zu lesen. Bei Einschüben, Anreden und Ausrufen werden Kommas da gesetzt, wo man auch beim Sprechen eine Pause macht.

3 Setzen Sie die fehlenden Kommas ein.

1. *Markus komm mal schnell.*
2. *Verzeihung können Sie mir den Weg zur Post sagen?*
3. *Märchen besonders solche mit Feen und Zauberern regen die Fantasie der Kinder an.*
4. *Ganz gleich wir müssen es wenigstens versuchen.*
5. *Ach das hatte ich ja ganz vergessen!*
6. *In dieser Woche glaube ich kommen meine französischen Freunde zu Besuch.*
7. *Die Cartiers wohnen in Kanada genauer in Quebec.*
8. *Wir haben schon gegessen danke.*
9. *Ja das hatte ich mir auch schon gedacht.*
10. *Wir verreisen auch nur eine Woche später.*
11. *Dieses Gefühl hatte sich in uns vielleicht auch nur in mir von Anfang an festgesetzt.*
12. *Die inhaltlichen Gegenüberstellungen Diesseits und Jenseits, Werden und Vergehen finden ihre Entsprechung in der formalen Gestaltung des Gedichts.*

Information **Gedankenstriche**

Einschub und **Nachtrag** kann man – statt durch **Kommas** – auch durch **Gedankenstriche** kennzeichnen; dies bewirkt eine stärkere Hervorhebung:
Im Herbst – besonders im Oktober – ist es in Burgund am schönsten.
Die inhaltlichen Gegenüberstellungen – Diesseits und Jenseits, Werden und Vergehen – finden ihre Entsprechung in der formalen Gestaltung des Gedichts.
Wir haben Rom besucht – eine wunderbare Stadt!

4 Kennzeichnen Sie Einschub oder Nachtrag durch Komma oder Gedankenstrich.

1. *„Sozial" dies zeigen Begriffe wie „Sozialpolitik" oder „soziales Verhalten" hat in der alltagssprachlichen Verwendung des Begriffs etwas mit Hilfsbereitschaft, mit Hilfe für Bedürftige zu tun.*
2. *Unter Sozialisation verstehen wir die Fähigkeit des Menschen, sich auf gesellschaftliche Normen und Werte einzustellen und sich von ihnen wenn auch nicht unbedingt widerspruchslos auch in seinem eigenen Verhalten im Zusammenleben mit anderen leiten zu lassen.*
3. *Die Familie selbst nach gesellschaftlichen Regeln organisiert ist der Ort, an dem uns Wissen über Gesellschaft zuerst und besonders intensiv vermittelt wird.*
4. *In der Familie werden wesentliche gesellschaftliche Übereinkünfte mit Leben erfüllt vom „richtigen" Benehmen beim Essen bis hin zu moralischen Prinzipien wie „Gemeinwohl geht vor Eigenwohl".*
5. *Was wir wissen, wissen auch die anderen zumindest in den wichtigsten Bereichen und umgekehrt.*

Information **Nachgestellte Erläuterungen**

Nachgestellte Erläuterungen werden häufig mit Ausdrücken wie ***d. h. (das heißt), und zwar, und das, also, vor allem, besonders, insbesondere, nämlich, genauer, z. B. (zum Beispiel), zumindest*** eingeleitet.

5 Unterstreichen Sie die Einleitungswörter und setzen Sie die nötigen Kommas.

1. *Wir haben die Ferien mehrmals im Süden von Spanien verbracht und zwar in der Nähe von Jerez de la Frontera.*
2. *Es ist ein kleines Dorf am Meer genauer vier Kilometer landeinwärts gelegen.*
3. *Es gibt dort noch wenig Tourismus zumindest keinen Massentourismus.*
4. *Wir hatten ein sehr sympathisches Hotel und das obwohl wir die einfachste Kategorie gewählt hatten.*
5. *Das Essen war hervorragend zumindest wenn man nichts gegen Knoblauch hatte.*
6. *Alle haben Meer und Strand sehr genossen besonders die Kinder.*
7. *Wir werden auch dieses Jahr wieder hinfahren nämlich Mitte Juli.*
8. *Allerdings würden wir die Gegend auch gern einmal zu einer anderen Jahreszeit kennen lernen z.B. im Herbst.*

Information **Zusatzregeln**

In folgenden zwei Fällen steht **kein Komma,** obwohl man beim Sprechen eine kleine Pause machen würde:

- Nicht als Einschübe gelten Beifügungen, die zwischen Begleiter und zugehörigem Nomen stehen, z. B.: *Diese das Klima belastenden Stoffe entstehen durch ...*
- Wird ein Adjektiv durch ein weiteres, nachgestelltes Adjektiv näher bestimmt, so wird es nicht als Einschub behandelt, um den Zusammenhang zum Nomen nicht zu stören, d. h., in diesem Fall steht kein zweites Komma: *Ausländische, vor allem französische Weine sind hierzulande beliebt.*

In folgenden Fällen ist das Komma **freigestellt:**

- bei Eigennamen, die auf eine Berufsbezeichnung folgen: *Die Chefärztin(,) Dr. Anne Ehring(,) begrüßte uns.*
- bei Ausrufen ohne Hervorhebung: *Bitte(,) geht nicht weg. Ach(,) hör doch auf!*

6 Entscheiden Sie, ob ein Komma stehen muss. Berücksichtigen Sie die Zusatzregeln.

1. *Die Bahn kommt gleich in drei Minuten.*
2. *Wir brauchen wieder Mineralwasser und zwar dringend.*
3. *Der beste Campingplatz schön gelegen und gut ausgestattet ist der von Aix.*
4. *Bitte melde uns doch gleich dort an.*
5. *Die auf Grund ihrer Qualität in der ganzen Welt berühmten belgischen Pralinen sind leider sehr teuer.*
6. *Der Herbergsvater Herr Pohl zeigte uns die verschiedenen Räume.*
7. *Der Begriff „Amateur“ ist bedingt durch die Entwicklung der letzten Jahre umstritten.*
8. *Siehst du die Frau mit der gelben rund ausgeschnittenen Bluse?*

Das Komma bei Aufzählungen

Information

Bei einer **Aufzählung** trennt das Komma gleichrangige Wörter, Wortgruppen oder Teilsätze voneinander, sofern sie nicht durch *und/oder* verbunden sind:
Messingteller, Lackarbeiten, venezianische Spiegel und elegante, in zarten Farben bemalte Paravents, Antiquitäten jeder Art wurden hier angeboten.

Neben ***und*** und ***oder*** gibt es einige weitere verbindende Konjunktionen, bei denen kein Komma steht, nämlich: ***sowie, bzw., weder ... noch, sowohl ... als auch, entweder ... oder:***
In diesem Orchester gibt es sowohl Blasinstrumente als auch ein Schlagzeug.

Dagegen setzt man Komma vor Konjunktionen, die einen Gegensatz ausdrücken, also vor ***sondern, aber, jedoch, vielmehr, dagegen*** und vor anreihenden Konjunktionen: ***einerseits ..., andererseits, halb ..., halb, teils ..., teils:***
In diesem Orchester gibt es Blasinstrumente und ein Schlagzeug, aber keine Streicher.
Die Musiker achteten kaum auf den Dirigenten, sondern spielten einfach los.
Halb verärgert, halb belustigt hörte er zu.

7 Setzen Sie das fehlende Komma oder unterstreichen Sie das Wort, das ein Komma überflüssig macht.

1. Er kam sah und siegte.
2. Menschen sind freundlich oder unfreundlich fordernd oder nachsichtig umgänglich oder ablehnend und verschlossen.
3. Es wird sich alles alles wenden.
4. In diesem Laden gibt es nicht nur friesischen englischen indischen und kenianischen Tee sondern auch Gewürze Räucherstäbchen und Teekannen.
5. Ich möchte aber keine hundert verschiedenen Teesorten sondern einfach schwarzen Tee in Teebeuteln!
6. Diesmal haben wir weder den Eiffelturm bestiegen noch den Louvre besucht; stattdessen sind wir stundenlang auf dem Friedhof Père-Lachaise spazieren gegangen, wo wir sowohl das Grab Chopins als auch das von Edith Piaf gefunden haben.

8 Ergänzen Sie fehlende Kommas in den Aufzählungen von Satzgliedern.

Wer da glaubte, hatte nichts zu fürchten und wer da nicht glaubte aber so tat, als glaubte er, hatte auch nichts zu fürchten, außer sich selbst. Nichts Falsches sagen lieber gar nichts sagen nicht auffallen den Mund nicht zu weit aufmachen lieber ein Wort zu wenig als eines zu viel.

Das Komma zwischen Sätzen

Information

Das Komma trennt Sätze voneinander, wenn diese nicht durch ***und, oder, sowie, bzw., weder ... noch, sowohl ... als auch, entweder ... oder*** verbunden sind.

Methode

Um die oben angeführte Regel richtig anwenden zu können, muss man Sätze als solche erkennen:
Die wichtigsten Teile eines Satzes sind **Subjekt** und **Prädikat,** ohne diese Grundbausteine gibt es keinen vollständigen Satz. Das zu wissen, ist für eine korrekte Zeichensetzung nötig. Hier zwei Beispiele:
Ich denke, es geht.
(Zwei Sätze, denn es gibt zwei Subjekte: *ich* und *es* sowie zwei Prädikate: *denke* und *geht.*)
Sie sehen die Probleme und finden eine Lösung.
(Ein Satz, da es zwar zwei Prädikate – *sehen und finden* –, aber nur ein Subjekt – *sie* – gibt.

9 Kennzeichnen Sie jeweils Subjekt und Prädikat. Überlegen Sie, um wie viele Sätze – mit mindestens einem Subjekt und Prädikat – es sich handelt, und setzen Sie entsprechend Kommas.

1. *Ich vermute die meisten Leute wissen ein bisschen über die Indogermanen.*
2. *Die Indogermanen lebten vor etwa 4000 Jahren und siedelten zunächst in der Gegend des Schwarzen Meeres.*
3. *Sie zogen dann in den Iran und nach Indien und weiter nach Europa und Russland und vermischten sich mit den dort lebenden Völkern.*
4. *Sowohl die Sprachen der indogermanischen Völker sind miteinander verwandt als auch ihre Kultur und Religion.*
5. *Die Kultur der Indogermanen war geprägt vom Glauben an viele Götter wir bezeichnen dies als Polytheismus.*

10 Kennzeichnen Sie Subjekt und Prädikat. Überlegen Sie, um wie viele Sätze es sich jeweils handelt, und setzen Sie entsprechend Kommas.
Tipp: In dieser Übung gibt es Haupt- und Nebensätze.

1. *Wenn die Saison vorbei ist und die Touristen fort sind stehen die Hotels und Restaurants leer.*
2. *Es gibt keine Industrie die Arbeitsplätze schafft.*
3. *Die Menschen die keine Arbeit haben gehen in die Städte.*
4. *Aber auch in den Städten gibt es viele die in Slums leben weil sie keine Arbeit haben.*
5. *Einige finden kleine Jobs andere leben vom Betteln.*
6. *Es ist nicht erstaunlich dass in dieser Situation Alkoholismus und Kriminalität wachsen.*

11 Setzen Sie zwölf Kommas, um Hauptsätze, Haupt- und Nebensätze sowie aufgezählte Satzteile voneinander zu trennen.

Langsam verloschen die Lichter bis es ganz dunkel war und es breitete sich jene erwartungsvolle Spannung aus die ein Opernhaus erfüllt kurz bevor die Vorstellung weitergehen soll und der Dirigent auf sein Podium zurückkehrt. Das Stimmengesumm ebbte allmählich ab die Orchestermusiker rutschten nicht länger auf ihren Stühlen herum und die allgemeine Stille verkündete dass man bereit war für den dritten Akt. Die Stille dehnte sich wurde schwer. Aus dem ersten Rang hörte man plötzlich ein Husten jemand ließ ein Buch oder eine Handtasche fallen doch die Tür zum Korridor hinter dem Orchestergraben blieb zu.

Die Orchestermusiker waren die Ersten die leise zu reden anfingen. Ein zweiter Geiger lehnte sich zu der Frau neben ihm hinüber und erkundigte sich wo sie dieses Jahr ihren Urlaub verbringen wolle. In der zweiten Reihe informierte eine Fagottistin ihre Nachbarin dass bei Benetton morgen der Schlussverkauf beginne. [...]

Information **Achtung!**

Wenn unpersönliche Ausdrücke mit *„es“* wie *„Es ist erstaunlich“*, *„Es stimmt“* usw. hinter den *dass*-Satz gestellt werden, entfällt das *„es“*, sodass es kein Subjekt mehr gibt. Trotzdem gilt der Ausdruck als satzwertig und wird durch Komma abgetrennt.

Es ist nicht erstaunlich, dass hier die Kriminalität so groß ist.

Dass hier die Kriminalität so groß ist, ist nicht erstaunlich.

Manche Ausdrücke haben von vornherein kein Subjekt und gelten trotzdem als satzwertig:

Gut möglich, dass es einmal anders war.

12 Formen Sie die Klammersätze in dass-Sätze um und stellen Sie diese jeweils an den Satzanfang.

Es war mir nicht bekannt. *(Madagaskar gehört zu den zehn ärmsten Ländern der Welt.)*

____

____

Es stimmt. *(Die Armut und Verelendung in den Städten wird dort immer noch größer.)*

____

____

Es ist ein Problem. *(Die Bevölkerung wächst sehr schnell.)*

____

____

Es ist besonders traurig. *(Viele Kinder leben auf der Straße und verwahrlosen.)*

____

____

Das Komma bei Infinitiv- und Partizipgruppen

Information

Eine **Infinitivgruppe** wird durch Komma vom Rest des Satzes getrennt, wenn sie

1. mit den Konjunktionen *um, ohne, statt, anstatt, außer, als* **eingeleitet** ist, z. B.:
   *Ich fahre nach Köln, **um** dort ein Zimmer zu suchen.*
   ***Ohne** einen Augenblick zu zögern, nannte sie ihren Namen.*
   *Die anderen, **anstatt** die Warnung ernst zu nehmen, gingen einfach weiter.*
2. von einem **hinweisenden Wort** abhängt, z. B.:
   *Darf ich Sie **daran** erinnern, mir die Bescheinigung zu schicken?*
   *Ins Ausland zu gehen, **das** war ihr großer Wunsch.*
3. von einem **Nomen** oder einem **Adjektiv abhängt:**
   *Er hat die **Absicht,** sie zu retten.*
   *Es ist **gefährlich,** so zu rasen.*

Bei bloßem Infinitiv kann das Komma entfallen, also:
*Sie denkt daran(,) **zu kündigen.** Der Plan(,) **zu verreisen**(,) gefällt mir.*

In den übrigen Fällen ist es dem Schreibenden freigestellt, ein Komma zu setzen oder nicht, z. B.:
Sie versucht(,) ihre Gefühle nicht zu zeigen.

Tipp: Bei Infinitivgruppen empfiehlt es sich, immer Kommas zu setzen, weil sie die Gliederung des Satzes verdeutlichen und niemals falsch sind.

Eine **Partizipgruppe** wird durch Komma vom Rest des Satzes getrennt, wenn sie

1. von einem **hinweisenden Wort** abhängt, z. B.:
   ***Auf diese Weise,** einen Fuß vorsichtig vor den anderen setzend, ging sie langsam weiter.*
2. **nachgestellt** ist, z. B.:
   *Sie ging langsam weiter, **einen Fuß vor den anderen setzend.***

Manchmal ist das **Komma als Lesehilfe** bei einer Infinitiv- oder Partizipgruppe erforderlich, um Sätze eindeutig zu machen oder Fehllesen zu vermeiden, also z. B.:
*Sie verspricht, **ihrer Mutter zu schreiben.***
*Sie verspricht ihrer Mutter, **zu schreiben.***

13 Unterstreichen Sie die Hinweiswörter bzw. die Bezugsnomen und setzen Sie die Kommas.

Die Stadt hat die Absicht das Sportzentrum zu schließen.

Eine Gruppe von Jugendlichen bemüht sich darum die Schließung zu verhindern.

Sie denken daran einzelne Ratsmitglieder persönlich anzusprechen.

Die Jugendlichen wollen noch einen Versuch machen Sponsoren zu finden.

Sie halten es für möglich von einigen lokalen Unternehmen eine finanzielle Unterstützung zu bekommen.

Auch haben sie sich darum bemüht das Thema noch einmal auf die Tagesordnung zu bringen.

Einige sind dafür bei der entsprechenden Ratssitzung mit einem lauten Sprechchor aufzutreten.

Jetzt schon aufzugeben das kommt für sie jedenfalls nicht in Frage.

14 Setzen Sie Kommas, um den Sinn des Satzes eindeutig zu machen. Manchmal sind mehrere Lösungen möglich.

Ich hoffe jeden Tag im Meer baden zu können.

Wir empfehlen ihm das Geld zurückzugeben.

Sie verabreden sich um elf Uhr Fußball zu spielen.

Er hatte den Vertrag leider ohne ihn vorher genau zu lesen sofort unterschrieben.

Kommasetzung – Ein Trainingstest

15 Setzen Sie die fehlenden Kommas in der linken Spalte der Tabelle und ordnen Sie die Sätze den vorgegebenen Regeln zu. Notieren Sie dafür in der Randspalte, welcher Buchstabe zu welcher Zahl gehört.

	Beispielsätze		Kommaregeln	
1	*Herr Süskind Sie sind ein literarisches Genie!*	a	Eine Infinitivgruppe wird durch ein Komma abgetrennt, wenn sie von einem hinweisenden Wort abhängt.	1 →
2	*Patrick Süskinds Vater war Schriftsteller sein Bruder arbeitete als Journalist.*	b	Nachgestellte genauere Bestimmungen (Appositionen) werden durch Kommas abgetrennt.	2 →
3	*Die Presse schreckte nicht davor zurück Süskind auch hart zu kritisieren.*	c	Gleichrangige Sätze, die durch „und" bzw. „oder" verbunden sind, müssen nicht durch ein Komma getrennt werden.	3 →
4	*Süskind gewährt Journalisten kaum einen Einblick in sein Privatleben sodass kaum etwas über sein Leben bekannt ist.*	d	Ein Komma steht zwischen Aufzählungen, wenn diese nicht durch Konjunktionen verbunden sind.	4 →
5	*Süskind der bekannte Autor wird verachtet und verehrt.*	e	Ein Komma steht vor entgegensetzenden Konjunktionen.	5 →
6	*Süskinds Werke sind häufiger übersetzt worden als man glauben möchte.*	f	Ein Komma steht zwischen den unverbundenen Bestandteilen einer Satzreihe.	6 →
7	*Die Leserschaft bedauert dass von Süskind kaum Fotos vorhanden sind und dass er für keine Skandale sorgt.*	g	Ein Komma steht zwischen Haupt- und Nebensätzen.	7 →
8	*Süskinds Novelle von der Presse sehr gelobt trägt den Namen „Die Geschichte von Herrn Sommer".*	h	Ein Komma trennt die nachgestellte Partizipgruppe vom übergeordneten Satz.	8 →
9	*Süskind schrieb u. a. „Die Taube" „Der Kontrabass" „Das Parfum" und „Drei Geschichten und eine Betrachtung".*	i	Ein Komma trennt nachgestellte Erläuterungen mit Signalwort vom Rest des Satzes ab.	9 →
10	*Zuweilen d. h. in den meisten Fällen liest ein Schüler zumindest ein Werk von Süskind im Unterricht.*	j	Ein Nebensatz wird durch ein Komma abgetrennt.	10 →
11	*Süskind ist nicht Maler sondern Schriftsteller.*	k	Anreden und Ausrufe werden durch ein Komma abgetrennt.	11 →

4.4 Grammatik im Textzusammenhang

Kongruenzbeziehungen überprüfen

Information

Als „Kongruenzbeziehung“ beschreibt man die Übereinstimmung zusammengehöriger Satzteile in Numerus, Genus oder Kasus.

1 Fügen Sie gedanklich in die Lücke des nachfolgenden Satzes nacheinander jede der Wortgruppen A bis D ein und achten Sie dabei auf die Kongruenz.

A *das wichtige Ereignis* B *ein wichtiges Ereignis* C *die wichtigen Ereignisse* D *wichtige Ereignisse*

Die Wirkung ______________________ bleibt zunächst oft verborgen.

2 Ergänzen Sie in den nachfolgenden Sätzen die grammatisch korrekten Endungen.

Der Montblanc gehört zu den Alpen, ein_______ der größten Bergmassive Europas.

Am Kölner Dom, ein_______ der wenig_______ erhalten_______ gotisch_______ Großbauten, wird seit Jahrhunderten weitergebaut.

Die Kernspintomografie nutzt die Möglichkeiten neuest_______ bildgebende_______ Verfahren.

Die Aufgabe all_______ Beteiligt_______ ist der termingerechte Abschluss des Projekts.

Methode

Kongruenzfehler lassen sich leicht vermeiden, wenn man den Numerus des Subjekts ermittelt:

- Ein Subjekt im Singular fordert ein Prädikat im Singular,
- mehrere Subjekte im Singular oder ein Subjekt im Plural fordern den Plural des zugehörigen Prädikats.

3 Prüfen Sie die folgenden Sätze. Notieren Sie den Numerus von Subjekt und Prädikat. Kreuzen Sie anschließend an, ob die Kongruenz richtig oder falsch ist.

Kongruenz: **richtig** **falsch**

Ein Großteil der Drogen, die in Deutschland konsumiert werden, kommen aus Afghanistan.

Subjekt: ______________________ → Prädikat: ______________________

Schon kommt die Vorsitzende und ihr Stellvertreter.

Subjekt: ______________________ → Prädikat: ______________________

Eine ganze Reihe hatten den Sinn der Rede anders verstanden.

Subjekt: ______________________ → Prädikat: ______________________

Nur ein Prozent der Teilnehmer haben das Angebot eines verbilligten Intensivkurses wahrgenommen.

Subjekt: ______________________ → Prädikat: ______________________

Sätze richtig konstruieren

4 Lesen Sie den folgenden Text.

Clever und Smart wollen einen Stein aus einer Mauer ziehen. Sie verankern ein Seil an dem Stein und binden es an ein Motorrad, das von Clever gefahren wird. Smart sitzt hinten auf dem zweiten Sitz und verspricht, Bescheid zu sagen, wenn er sich lockert.

a Markieren Sie, welche Formulierung bei Ihnen Heiterkeit oder Verwunderung ausgelöst hat.
b Verbinden Sie das Personalpronomen in der letzten Zeile durch einen Pfeil mit seinem eigentlich gemeinten Bezugswort.

5 Markieren Sie in den folgenden Sätzen das Wort, das eine grammatische Beziehung falsch ausdrückt. Formulieren Sie die Sätze anschließend so um, dass eine grammatisch korrekte Aussage entsteht

Das lyrische Ich steht sehr unter dem Eindruck der Naturphänomene. Er fühlt sich befreit.

Das Ehepaar hat versucht, durch eine Reise ihre Beziehung zu retten.

Man kann hier eine Antithese erkennen, wo sich meine nächste Überlegung anschließt.

Diese Äußerung verdeutlicht das Problem, was in dieser Geschichte im Mittelpunkt steht.

Am Montag, der 12. Januar, soll es losgehen.

Haupt- und Nebensatz korrekt verbinden

Konjunktionen schaffen Begründungszusammenhänge; werden sie falsch benutzt, geht die Logik verloren.

Information

Begründungszusammenhänge werden in Sätzen durch Konjunktionen hergestellt. Es gibt einige Konjunktionen, die gleiche Zusammenhänge schaffen, jedoch mit unterschiedlichen Folgen für den Satzbau:

- Sowohl *weil* als auch *denn* stellen einen kausalen Begründungszusammenhang her.
  Die unterordnende Konjunktion *weil* leitet einen Nebensatz ein. Sie ist nicht mit der nebenordnenden Konjunktion *denn* zu verwechseln, die einen Hauptsatz anschließt, z. B.:
  *Hier steht ein Komma, **denn** das ist ein Nebensatz.*
  Falsch dagegen wäre: *Hier steht ein Komma, **weil** das ist ein Nebensatz.*
- Sowohl *obwohl* als auch *trotzdem* schaffen einen konzessiven Begründungszusammenhang.
  Obwohl leitet einen Nebensatz ein, *trotzdem* schließt einen Hauptsatz an.

6 Kreuzen Sie in der folgenden Zusammenstellung diejenigen Sätze an, die Ihrer Meinung nach verbessert werden müssen. Schreiben Sie sie anschließend richtig auf.

- ☐ *Die Kursteilnehmer waren noch sehr aufmerksam, trotzdem es die sechste Stunde war.*
- ☐ *Wir mussten die Klasse räumen, denn die Decke war schadhaft.*
- ☐ *Wir sind froh, weil nun ist alles vorbei.*
- ☐ *Die Klausur war gut ausgefallen, obwohl der Stoff nicht lange geübt worden war.*
- ☐ *Wir sind erleichtert, weil es hat keine Verletzten gegeben.*
- ☐ *Der Spieler hatte einen Trainingsrückstand; trotzdem kam er in die Mannschaft.*
- ☐ *Heute kann der Spieler nicht eingesetzt werden, weil er hat sich verletzt.*
- ☐ *Die zweite Halbzeit wurde angepfiffen, trotzdem es sehr stark regnete.*

Den Konjunktiv der indirekten Rede richtig verwenden

Grammatikfehler kommen in der Sekundarstufe II nicht mehr allzu häufig vor. Aber es gibt noch eine besonders ärgerliche Fehlerquelle: die Verwendung des Konjunktivs in der indirekten Rede. Selbst Journalisten sind vor Konjunktivfehlern nicht gefeit.
Im folgenden Text unterhalten sich zwei Profis über die Verwendung des Konjunktivs.

Andreas Maier: **Kümmelchen im Konjunktiv**

Einige Vermutungen darüber, weshalb „sei" und „wäre" so oft verwechselt werden

Vor einiger Zeit, es war auf der Buchmesse, fragte mich ein Kritiker, warum die Leute so häufig falsche Konjunktive setzten, wenn sie die indirekte Rede gebrauchten. „Sie erzählte, sie habe dazu keine Lust gehabt, und wäre daraufhin ins Kino gegangen." Die erste Konjunktivform, *habe,* ist richtig, die zweite, *wäre,* ist falsch. Über die Regeln waren wir, der Kritiker und ich, uns sofort einig (es war auf einem Empfang).

Erste Regel: In der indirekten Rede wird Konjunktiv I gesetzt (zum Beispiel *habe; sei; gebe* und nicht: *gäbe;* also immer die schwach klingenden Formen). Regel zwei: Nur wenn Formengleichheit mit dem Indikativ besteht, wird Konjunktiv II verwendet (*hätte, gäbe,* also die stark klingenden Formen). Das kann der Fall sein in der ersten Person Singular, in der ersten Person Plural und in der dritten Person Plural. Daher schreiben die Zeitungen, der Kanzler [...] *habe* dies und das gesagt, die anderen aber *hätten* ihm widersprochen (und nicht: *haben*).

Diese zwei Regeln sind überaus leicht zu verinnerlichen. Woher dann aber, rief der Kritiker (er trank gerade ein Bier) dieses grundfalsche Wäre-hätte-sei-Gemisch, das die Leute anrichten? Ich trank nun ebenfalls ein Bier, und beide gingen wir daran, die Gründe für dieses Wäre-hätte-sei-Gemisch zu untersuchen. Solche Gespräche werden auf der Buchmesse geführt!

Wir begannen einfach und untersuchten den Satz: „Er sagte, er wäre unglücklich." Die Form *wäre* ist falsch, es muss *sei* heißen. Wie aber kommt das *wäre* in den Satz? Vermutung eins: Der Sprecher findet, dass das nach Konjunktiv klingt, und zwar mehr nach Konjunktiv klingt als *sei.* Der Kritiker argwöhnte, dass einige Sprecher sowieso nur den Konjunktiv II *(wäre, läge, trüge)* als Konjunktiv identifizierten und sozusagen nur auf die gröberen Reize reagierten: ä, ö, ü.

Manche (Vermutung zwei) argumentieren möglicherweise gewiefter: Es heißt, könnte man denken: „Ich sagte, ich hätte Hunger", also heißt es folglich auch: „Er sagte, er wäre unglücklich." Diese Sprecher wollen den Konjunktiv II *(hätte, wäre)* überall benutzen, und sie begründen das durch Beispielsätze, die auf Regel zwei beruhen, sie machen also die Ausnahme zur Regel. Aber sie machen dabei einen weiteren Fehler. Sie greifen auf die Form *wäre* zurück. Dabei ist der reguläre Konjunktiv *sei* überhaupt nie mit dem Indikativ zu verwechseln. Man muss also bei dem Verb *sein* nie (!) auf Regel zwei zurückgreifen. Es heißt immer: *sei, seiest, sei, seien, seiet, seien;* es heißt nie: *wäre, wären* et cetera. Ich, zum Kritiker: Wenn ich einen Satz schriebe wie: „Ich sagte, ich wäre unglücklich", dann erwartete ich geradezu zwanghaft, dass ein Bedingungssatz folgte, etwa so: „Ich sagte, ich wäre unglücklich, wenn ich heute nicht das Kümmelchen sähe." Nur dort wäre ein *wäre* möglich.

Der Kritiker sagte, das sei zwar richtig, aber wen oder was ich denn bitte mit Kümmelchen meinte. Das sagte ich ihm allerdings nicht. Der Kritiker schwieg und schaute mich an. Dann beugte er sich vor und sagte nach einer gewissen Pause fast vorwurfsvoll: Sie reden vom Konjunktiv, aber in Wahrheit reden Sie von sich. Das, sagte ich, ist vermutlich so, das ist vermutlich überhaupt immer so. Wir kehrten zurück zum eigentlichen Thema (ich trank ein weiteres Bier, der Kritiker ebenfalls).

7 Lesen Sie den Text aufmerksam durch und markieren Sie alle Stellen, an denen eine Regel formuliert wird.

8 Lösen Sie die folgenden Multiple-Choice-Aufgaben.
Tipp: Es können jeweils eine oder mehrere Lösungen richtig sein.

In der indirekten Rede wird der Konjunktiv I

- *immer*
- *immer bei Singularformen des Verbs*
- *in den meisten Fällen*
- *immer beim Verb „sein“*

verwendet.

In der indirekten Rede wird der Konjunktiv II verwendet,

- *wenn es von diesem Verb keine Konjunktiv-I-Form gibt.*
- *wenn der Konjunktiv I sich nicht von der entsprechenden Indikativform unterscheidet.*
- *wenn etwas als unwahrscheinlich dargestellt werden soll.*
- *oft dann, wenn das Verb in der ersten und dritten Person Plural steht.*

9 Notieren Sie mit Hilfe Ihrer Erkenntnisse aus Aufgabe 7 und 8 die korrekten Konjunktivformen.

Verbform der direkten Rede	Konjunktiv der indirekten Rede	Verbform der direkten Rede	Konjunktiv der indirekten Rede
die Leute setzen	*setzten*	sie gebrauchen	
sie hatte		sie ist gegangen	
er hat gesagt		sie haben widersprochen	
sie identifizieren		sie reagieren	
er ist unglücklich		ich habe Hunger	

Information

Steht eine Verbform der direkten Rede in irgendeiner Form der Vergangenheit, so wird im Konjunktiv der indirekten Rede nicht mehr zwischen Präteritum, Perfekt oder Plusquamperfekt unterschieden.
In der indirekten Rede gibt es für alle Vergangenheitsstufen nur eine einzige Form des Konjunktivs.

10 Zur folgenden Multiple-Choice-Aufgabe finden Sie im Text auf Seite 79 f. keine direkten Informationen. Sie können die Aufgabe jedoch lösen, wenn Sie die im Text verwendeten Formen des Konjunktivs I und II untersuchen. Prüfen Sie jeden Vorschlag anhand Ihrer Eintragungen in Aufgabe 9.

Der Konjunktiv I wird gebildet, indem man

ein a der Indikativform in ein ä, ein u in ein ü oder ein o in ein ö verwandelt.

von der Infinitivform das Endungs-e wegstreicht und die entsprechende Personalendung anfügt.

zu der normalen Verbform ein „sei", „seist" oder „seien" hinzufügt.

alles in Anführungszeichen setzt.

Der Konjunktiv II wird gebildet, indem man

zu jedem Verb ein „wäre/n" oder „hätte/n" hinzufügt.

die Präteritumform wählt und a, o, u in ä, ö, ü verwandelt.

die Präteritumform wählt und bei starken Verben a, o, u in ä, ö, ü verwandelt.

die Verbform des Präsens nimmt und dann a, o, u in ä, ö, ü verwandelt.

11 Geben Sie die Zeilen 35–44 des Textes „Die Kleinen vorneweg" auf S. 8 f. in indirekter Rede wieder. Notieren Sie die bisherigen und die neuen Verbformen in einer Tabelle.

Bisherige Verbform	Neue Verbform der indirekten Rede
...	...

Präpositionale Ausdrücke richtig verwenden

Methode

Sie verbessern die Qualität Ihrer Texte, wenn Sie mit der Präposition *durch* sparsam umgeben, unschön ist z. B.: *Durch dieses Problem kam er nicht voran.*

Durch kann man in vielen Fällen ersetzen, probieren Sie aus: *mittels* (+ Genitiv), *wegen, infolge* (+ Genitiv), *auf Grund, mit Hilfe* (+ Genitiv), *im Zusammenhang mit, im Hinblick auf.*

12 Ersetzen Sie in den folgenden Sätzen die Präposition *durch*, indem Sie jeweils eine passende Möglichkeit aus dem Methodenkasten wählen. Schreiben Sie die Lösung rechts neben den Satz.

Durch die Krankheit musste sie die Klausur nachschreiben. ____________

Durch das schlechte Wetter musste das Spiel ausfallen. ____________

Durch einen Rollstuhl konnte er das Haus wieder verlassen. ____________

Durch eine Steuerfahndung kam alles heraus. ____________

13 Streichen Sie ungeeignete Präpositionen in den folgenden Sätzen durch und schreiben Sie geeignete Alternativen auf.

Auf kurz oder lang war mit dieser Katastrophe zu rechnen. ____________

Die Kritik gegen dieses Verhalten ist nachvollziehbar. ____________

Gestern hat sie sich über alles erfreut. ____________

Ein Vergleich von München zu Hamburg zeigt das. ____________

Er freut sich an der Note. ____________

Die Unzufriedenheit über diese Zustände hat zugenommen. ____________

Diesen Begriff kann man für diesen Sachverhalt anwenden. ____________

14 Ergänzen Sie die Präpositionen, die auf die folgenden Adjektive, Verben und Nomen/Substantive folgen. Überlegen Sie, welcher Kasus auf welche Präposition folgt.

gewöhnt ____________
geeignet ____________
erstaunt ____________
vertraut ____________
inspiriert ____________
grausam ____________
bedacht ____________
interessiert ____________

resultieren ____________
provozieren ____________
spekulieren ____________
ableiten ____________
anspielen ____________

Bedürfnis ____________
Überfluss ____________
Analogie ____________
Ähnlichkeit ____________
Anzeichen ____________
Konsequenz ____________
Zugang ____________
Appell ____________

Interesse ____________
Respekt ____________
Kritik ____________
Verständnis ____________

15 **a** Ergänzen Sie den folgenden Satz.

Das liegt außerhalb ______________________________.

(mein Vorstellungsvermögen)

b Kreuzen Sie an.

Trotz seinem Widerstand muss sich der Präsident geschlagen geben. richtig falsch

Information **Präpositionen setzen ins Verhältnis**

Präpositionen treten (zusammen mit einem Artikel oder Pronomen) zu einem Nomen/Substantiv und erläutern, welches (logische, räumliche, zeitliche) Verhältnis es zum Verb einnimmt.
Präpositionen selbst gehören zu den unflektierbaren Wortarten. Sie verlangen einen bestimmten Kasus des Nomens/Substantivs. Man nennt dies **Kasusrektion.** Präpositionen fordern **Genitiv, Dativ** oder **Akkusativ.**
Bei manchen Präpositionen kommt es leicht zu Fehlern.

16 Schreiben Sie mit jeder der folgenden Präpositionen einen Satz auf ein gesondertes Blatt. Achten Sie auf den richtigen Kasus.

Logische (kausale oder modale) Präpositionen (Grund oder Art und Weise)
abzüglich, angesichts, anlässlich, auf, auf Grund, aus, außer, bei, bezüglich, bis, dank, durch, einschließlich, entgegen, für, gegen, gegenüber, gemäß, in, infolge, kraft, laut, mangels, mit, mittels, nach, ohne, seitens, statt, trotz, über, um, um ... willen, unbeschadet, ungeachtet, unter, von, vor, wegen, wider, zu, zuwider, zuzüglich

Lokale Präpositionen (Raum, Ort)
ab, an, auf, aus, außer, bei, bis, durch, entlang, fern, gegen, hinter, in, inmitten, innerhalb, jenseits, längs, nach, nahe, neben, nördlich, oberhalb, seitlich, über, um, unfern, unter, unterhalb, unweit, von, vor, zu, zwischen

Temporale Präpositionen (Zeit)
binnen, bis, gegen, in, innerhalb, nach, seit, um, vor, während, zeit, zwischen

Information

Viele **Verben** sind mit Präpositionen zusammengesetzt. Je nach ihrer Verwendung spalten sie sich in einen verbalen und einen präpositionalen Teil auf und bilden eine Prädikatsklammer unter Verwendung einer Präposition, z. B.:
nach**denken – Sie denken über eine Lösung **nach.
In bestimmten Verwendungszusammenhängen gibt es für dieselbe Präposition verschiedene Kasusrektionen:
schreiben an + Dativ: Kerstin schreibt an ihrer Facharbeit.
schreiben an + Akkusativ: Der Kurs schreibt an die Kultusministerin.

17 Prüfen Sie die folgenden Sätze auf richtigen Kasusgebrauch nach der Präposition. Korrigieren Sie sie gegebenenfalls auf einem gesonderten Blatt.

1. *Der Hauptbahnhof liegt gegenüber des Doms.*
2. *Eltern haben bezüglich den gesellschaftlichen Konventionen oft unterschiedliche Vorstellungen.*
3. *Auf Grund diesem fahrlässigen Handeln wird ihm nun bewusst, dass er Schuld auf sich geladen hat.*
4. *Trotz den Ermahnungen der Mutter ändert Clara ihr Verhalten nicht.*
5. *Die Erschießung Crampas' erfolgt ohne jeglichen Gefühlen von Hass oder Rache.*

Tempusformen richtig bilden

18 **a** Ergänzen Sie in den folgenden Sätzen die finite Form des Verbs. Achten Sie auf die richtige Zeitform.
b Fällt es Ihnen in Einzelfällen schwer, die richtige Zeitform zu bilden?
Probieren Sie rechts neben dem Satz Schreibweisen aus.
c Lesen Sie den nachfolgenden Infokasten und prüfen Sie dann Ihre Schreibweisen.
Greifen Sie erst danach zum Lösungsheft, um Ihre Entscheidung zu überprüfen.

1. *Bäcker ______________ die Brote früher von Hand.* *(backen)* ______________
2. *Das Argument ______________ ihn, seine Meinung zu ändern.* *(bewegen)* ______________
3. *Der Fels ______________ unter dem Druck.* *(bersten)* ______________
4. *Sie hörte dies und ______________.* *(erbleichen)* ______________
5. *Die Pflanze ______________ im vergangenen Sommer prächtig.* *(gedeihen)* ______________
6. *Merlin hat das Unheil ______________.* *(weissagen)* ______________
7. *Hemden gehören über Nacht auf einen Bügel ______________.* *(hängen)* ______________
8. *Gestern hat der Schlüssel noch da ______________.* *(hängen)* ______________
9. *Am Anfang ______________ der Herr Himmel und Erde.* *(schaffen)* ______________
10. *Ich ______________ es nie, ihm zu verzeihen.* *(schaffen)* ______________
11. *Der Schnupfen quälte ihn, er hat oft ______________.* *(niesen)* ______________

Information **Die Verbformen**

Im Deutschen gibt es wie in den meisten europäischen Sprachen Verben, die ihre Tempora durch Vokaländerungen (Ablaut) im Verbstamm bilden. Man nennt sie **starke** (oder: **unregelmäßige**) **Verben,** z. B.: *nehmen – nahm – genommen* oder *bleiben – blieb – geblieben.*
Es sind relativ wenige (etwa 200), aber häufig gebrauchte Verben.
Die allermeisten Verben sind so genannte **schwache** (auch: **regelmäßige**) **Verben.** Sie bilden ihre Tempora, indem an den Verbstamm verschiedene Endungen angehängt werden, z. B.:
sagen – sagte – gesagt oder *kochen – kochte – gekocht.*
Einige wenige **gemischte Verben** bilden teils schwache, teils starke Formen, z. B.:
denken – dachte – gedacht.

Manchmal entstehen **Unsicherheiten in der Tempusbildung:**

- Manche Verben (z. B. *schleifen*) können mit unterschiedlicher Bedeutung verwendet werden, und zwar in transitiver Form (z. B.: *Er schleift Messer.*) oder in intransitiver Form (z. B.: *Das Rad schleift.*). **Transitive** (zielende) Verben verlangen ein Akkusativobjekt und lassen ein persönliches Passiv zu. Alle anderen Verben nennt man **intransitiv** (nicht zielend). Bei der Tempusbildung von Verben mit transitiver bzw. intransitiver Funktion hilft nur genaues Überlegen. Diese Verben können nämlich stark oder schwach konjugiert werden.

4.5 Stil und Ausdruck

Die Stilebene treffen

Methode

Stilistisch haben Sie beim Schreiben einige Freiheiten. Allerdings sollten Sie einige Stil-Formen meiden, zum Beispiel einen salopp-umgangssprachlichen oder einen nominalistischen Stil.
Im Nominalstil ist eine größere Zahl von Nomen mit Hilfe von Präpositionen miteinander verkettet, wobei die Verben meist wenig aussagekräftig sind und für die Satzaussage kaum eine Rolle spielen. In Klausuren und Hausarbeiten ist ein Verbalstil anzuraten, der durch aussagekräftige Verben und eine mäßige Anzahl an Nomen gekennzeichnet ist.
Dieser Stil ist leserfreundlicher.

1 In den folgenden Sätzen ist ein unangemessener Stil (Umgangssprache) verwendet worden. Verbessern Sie.

In einer der ersten Szenen ist Emilia in einer Kirche am Beten.

____

____

Kaum ist Emilia aus der Kirche raus, nimmt das Unheil seinen Lauf.

____

____

Nach dem Anschlag auf ihren Bräutigam soll Emilia zu dem Fürsten rübergebracht werden.

____

____

Die Gräfin Orsina ist mit Marinelli heftig am Streiten, während der Prinz sich in seinen Gemächern aufhält.

____

____

Als Odoardo Galotti im Schloss auf den Prinzen trifft, würde er am liebsten draufhauen;
aber er kriegt sich noch einmal ein.

____

____

____

Am Ende macht er Schluss mit seiner eigenen Tochter.

____

2 Ordnen Sie die folgenden Wörter der passenden Stilebene zu.

Schotter (für Geld) sich die Nase putzen Odem (für Atem) zitieren etwas mit jemandem haben

mopsen stehlen krallen entwenden abstauben mitgehen lassen klauen

plagiieren (geistiges Eigentum stehlen)

dichterisch: *göttergleich seine Bahnen ziehen,* ____________________

gehoben: *exzeptionell, eilen,* ____________________

normal/schriftsprachlich: *fragen, sich erkundigen,* ____________________

umgangssprachlich: *toll, super,* ____________________

salopp / jargonhaft: *geil, abartig,* ____________________

Methode

Probleme kann die Abgrenzung der umgangssprachlichen von der normal-/schriftsprachlichen Ebene bereiten. Achten Sie dennoch darauf, dass Sie in Klausuren keine umgangssprachlichen Formulierungen verwenden. Genauere Auskunft geben die Bände „Stilwörterbuch", „Sinn- und sachverwandte Wörter" und „Richtiges und gutes Deutsch" aus der Duden-Reihe.
Alternativen zu Formulierungen, die Sie für problematisch halten, finden Sie zum Teil auch in einem Thesaurus, so wie er in vielen Software-Programmen angeboten wird (in Microsoft Word z. B. nach dem Markieren eines Wortes über „Extras" → „Sprache" → „Thesaurus" → „Ersetzen" möglich).

3 Trainieren Sie Ihre Stilsensibilität und streichen Sie in der folgenden Liste alle Wörter und Redewendungen durch, die Ihrer Meinung nach in Klausurtexten nicht verwendet werden können.

schimpfen	jemanden anmachen	sich prügeln	darauf
erschöpft	echt (im Sinne von „sehr")	sich kloppen	motzen
wahrnehmen	jemanden schelten	Kamerad	sich zulegen
Kumpan	in besonderer Weise	umnieten	gucken
groggy	fertig (im Sinne von „abgespannt")	drauf	Geilheit
erschießen	Begehren	erwerben	kaufen

4 Ersetzen Sie die Wörter und Formulierungen durch solche, die in einer Klausur verwendet werden könnten.

quatschen ____________________

verknallt sein ____________________

ein Gefühl rüberbringen ____________________

das macht ihm nichts ____________________

auf den Putz hauen ____________________

Verbal- statt Nominalstil verwenden

5 Lösen Sie die folgenden Nomen-Ketten auf, indem Sie einige Nomen in Verben umwandeln und die Aussage insgesamt neu organisieren. Dabei können Sie einen Satz auch in mehrere Sätze auflösen.

Nach dem heimlichen Zuflüstern von Liebesworten in der Kirche durch den Prinzen kommt Emilia in einen Zustand leichter Verwirrung.

Der Tod des Grafen Appiani erfolgt als Resultat der skrupellosen Umsetzung der geheimen Wünsche des Fürsten durch den Kammerherrn Marinelli.

Der kunstvolle Aufbau der Handlung des Theaterstücks durch G.E. Lessing macht das Werk zu einem Höhepunkt in der Entwicklung des Dramas in Deutschland.

Überflüssiges meiden

Methode

Vermeiden Sie Pleonasmen[1] und Füllwörter wie *regelrecht* oder *gewissermaßen*, die oft persönliche Angewohnheiten sind und keinen Informationswert haben.

1 **Pleonasmus:** eine Häufung sinngleicher oder ähnlicher Wörter in einem Satz

6 In den folgenden Sätzen wiederholen sich Aussagen. Streichen Sie die überflüssigen Wörter.

Das Drama „Emilia Galotti" wurde 1772 erstmals uraufgeführt.

Faber kennt Ivy fast gar nicht, geschweige denn hat er kaum ihren Charakter begriffen.

Die Ausstattung dieses Autos ist viel optimaler.

Die einzige Figur in diesem Roman, die aus der Frosch- und Vogelperspektive alles durchschaut, ist alleine Oskar Matzerath.

7 Streichen Sie durch, worauf verzichtet werden kann.

In Klasse 9 war er es irgendwie leid, von seinen Mitschülern immer nur als Streber angesehen zu werden.

Emilia ist in diesem Stück sozusagen das unschuldige Opfer.

4.6 Zitieren

Methode

Fremde Gedanken werden in Klausuren häufig ungenau oder falsch wiedergegeben.
Beachten Sie: Es muss eindeutig sein, aus welcher Perspektive Sie schreiben, d.h., wo Sie Gedanken aus dem zu analysierenden Text wiedergeben und wo es sich um Ihre eigenen Gedanken handelt.
Manchmal bietet es sich an, im Kontext deutlich zu machen, dass man Gedanken übernimmt.
Bei textnahen Übernahmen sollte man jedoch Zitate oder zumindest die indirekte Rede verwenden.

Information **Richtig zitieren**

Zitate haben die Aufgabe, die eigenen Beobachtungen und Überlegungen mit Stellen aus dem Text zu belegen und zu untermauern. Zitate sind **wörtliche,** sogar buchstabengetreue **Übernahmen** aus einem Text mit Angabe der Fundstelle.

Aspekte	Darstellungsformen	**Beispiele** – Zitiert aus: W. Borchert, Das Brot oder nach Angabe	Hinweise
Zitat-Kennzeichnung allgemein	Anführungszeichen	Die Frau „fühlte, wie die Kälte der Fliesen langsam an ihr hochkroch“ (S. 20, Z. 23 f.).	Begriff „Zitat“ entfällt, Tempus beibehalten – auch wenn es von dem des eigenen Textes abweicht.
Wörtliche Rede im Zitat *und* Zitat im Zitat	*Einfache* Anführungszeichen	Sie „kam ihm zur Hilfe: ‚Komm man. Das war wohl draußen.‘“ (S. 21, Z. 50).	
Verse	Zeilenumbruch durch Schrägstrich markiert	„Es war, als hätt' der Himmel / Die Erde still geküsst“ (J. v. Eichendorff, Mondnacht, V. 1 f.)	Großschreibung am Versanfang wird beibehalten.
Auslassungen	*Drei* Pünktchen (nicht fünf oder zehn!) in eckigen Klammern	Die Frau „fühlte, wie die Kälte [...] langsam an ihr hochkroch“ (S. 20, Z. 23 f.).	Am Anfang und am Ende des Zitats keine Pünktchen, auch dann nicht, wenn nur ein Teil aus einem Satz zitiert wird.
Hinzufügungen	Eckige Klammern	„Sie sieht doch [im Hemd] schon alt aus, dachte er“ (S. 21, Z. 31).	Gilt auch für den einzelnen Buchstaben, der wegen des Satzbaus hinzugefügt wird.
Fehler im Text	[sic] oder [!] hinter das fehlerhafte Wort	„Sie sieht doch schonn [sic] alt aus, dachte er“ (S. 21, Z. 31). *Oder:* „Sie sieht doch schonn [!] alt aus, dachte er“ (S. 21, Z. 31)	Fehler nicht korrigieren! Möglicherweise sind es nur vermeintliche Fehler.
Eigene Hervorhebungen im Zitat	Unterstreichen oder *Kursivschrift;* dahinter Hinweis: [Hervorhebung XY]	Die Frau „fühlte, wie die Kälte der Fliesen [Hervorhebung XY] langsam an ihr hochkroch“ (S. 20, Z. 23 f.).	XY steht für die Initialen des Verfassers; alternativ: [Hervorhebung durch d. Verf.]
Stellenangabe / Zitatnachweis	S. = Seite Z. = Zeile V. = Vers Sp. = Spalte f. = *eine* folgende Seite / Zeile / Spalte / ein Vers ff. = *mehrere* folgende Seiten / Zeilen / Spalten / Verse		Unmittelbar hinter das Zitat und immer in runden Klammern

Verbindungen mit dem eigenen Text

Position	vorangestellt	„Sie sieht doch schon alt aus", denkt er, als er sie nachts in der Küche sieht (S. 21, Z. 31).	Syntax beachten: Das Zitat muss syntaktisch zum eigenen Satz passen.
	eingefügt	Sie hört, „dass er leise [...] kaute", während sie sich schlafend stellt (S. 21, Z. 81).	Satzzeichen beachten: Es gelten die üblichen Zeichensetzungsregeln.
	nachgestellt	Die Sätze sind sehr kurz und vor allem am Anfang manchmal elliptisch: „Sie machte Licht. Sie standen sich im Hemd gegenüber. Nachts. Um halb drei. In der Küche" (S. 21, Z. 13 ff.).	Bei Zitat eines ganzen Satzes, vor allem wenn ein redeeinleitendes Verb verwendet wird: **Doppelpunkt** vor Zitat.

Besonderheiten

Kurzbelege (ca. ein bis drei Wörter)	unmittelbar hinter der eigenen Aussage (in Klammern, mit Stellenangabe)	Die Beschreibung des Raumes („Kälte der Fliesen", S. 20, Z. 23) hat symbolische Bedeutung.	Längere Einschübe vermeiden; sie stören den Zusammenhang des eigenen Satzes.
Bloßer Verweis *ohne* Zitat	in Klammern: *vgl.*, *s.* (für „siehe") oder *z. B.* plus Stellenangabe	Sie kann nicht ertragen, dass ihr Mann lügt (s. S. 21, Z. 39 f.), und wendet sich ab.	Doppelungen vermeiden: Bei Wiedergabe mit eigenen Worten, aber mit enger Anlehnung an die Formulierungen der Textvorlage diese nicht noch einmal wörtlich zitieren.

1 In dem Textauszug aus „Mutter Courage und ihre Kinder" auf S. 40 f. hat der Autor einige Regieanweisungen verwendet (kursiv gesetzt). Verwenden Sie diese als Zitate und präsentieren Sie die Aussagen in einem kurzen Text.

2 Wählen Sie aus der ersten Strophe des Gedichts „Bildlich gesprochen" (S. 18) jeweils zwei bis drei Wörter als Zitate aus und präsentieren Sie diese jeweils in Satzform.

4.7 Die Textkohärenz verbessern

Verschiedene logische Konnektoren nutzen

1 **a** Machen Sie sich zunächst mit Hilfe der folgenden Tabelle klar, welche Möglichkeiten der Aussagenverknüpfung Sie eher beherrschen als andere. Welche der Möglichkeiten verwenden Sie oft in Alltagsgesprächen? Markieren Sie diese gelb.
b Welche der Möglichkeiten kommen eher nur in komplizierteren Textformen vor und stellen für Sie eine größere Herausforderung dar? Markieren Sie diese rot.

Gedankliche Verknüpfungen in Texten			
			Beispiele
Verknüpfung von Textaussagen	logisch akzentuiert	kausal (Grund)	*weil, da* *deswegen*
		konditional (Bedingung)	*wenn, falls* *sofern*
		konsekutiv (Folge)	*sodass* *folglich*
		final (Zweck)	*damit* *dazu*
		adversativ (Gegensatz)	*wohingegen* *andererseits, sondern*
		konzessiv (Gegenerwartung)	*obwohl* *trotz allem*
		modal (Art und Weise)	*indem* *so*
		komparativ (Vergleich)	*als ob* *ebenso*
		alternativ (Auswahl)	*entweder ... oder* *stattdessen*
		kopulativ (Anreihung)	*weder ... noch* *zudem*
	temporal		*als, während* *nachdem* *bevor* *damals* *dann*

2 Schreiben Sie aus dem „Rad der Verknüpfungswörter" (s. Einband) diejenigen Möglichkeiten der Gedankenverknüpfungen heraus, die Sie Ihrer eigenen Einschätzung nach eher selten oder gar nicht verwenden.

3 Nutzen Sie jeweils eines der Verknüpfungswörter, um insgesamt fünf Sätze über den Kurs zu schreiben, an dem Sie gerade teilnehmen.

4 Legen Sie die obige Tabelle und das „Rad der Verknüpfungswörter" demnächst als Arbeitshilfen bereit, wenn Sie Hausaufgabentexte verfassen.

5 **a** Ordnen Sie die folgenden Redewendungen den logischen Optionen in der Tabelle auf Seite 92 zu.
b Ergänzen Sie unten weitere Redewendungen, mit denen Sie Textaussagen verknüpfen können.
<u>Tipp:</u> Solche Redewendungen fangen oft mit einer Präposition an.
c Ordnen Sie die von Ihnen hinzugefügten Redewendungen ebenfalls in die Tabelle ein.

Formulierungsbausteine: Redewendungen zur Gedankenverknüpfung

- *Zur gleichen Zeit ...*
- *Aus diesem Grund ...*
- *Mit dieser Absicht ...*
- *Mit seiner/ihrer Hilfe ...*
- *Nach einiger Zeit ...*
- *Hinzu kommt, dass ...*
- *Für den Fall, dass ...*
- *Auf diese Weise ...*
- *Über kurz oder lang ...*
- *Das hatte zur Konsequenz, dass ...*
- *Zu Beginn der/des ...*
- *Binnen kurzem ...*
- *Unter dieser Voraussetzung ...*
- *Bis 1999 ...*
- *Einige Zeit später ...*
- *Zu guter Letzt ...*
- *Vor lauter (Angst) ...*
- *Trotz allem ...*
- *Wenig später ...*
- *Zu diesem Zweck ...*

Logische Option	Redewendungen zur Satzeinleitung
temporal	*Zur gleichen Zeit ...,*
kausal	
modal	
final	
konditional	
kopulativ	
konzessiv	
konsekutiv	

Thesen und Argumente sprachlich klar zuordnen

Einigen fließen Texte einfach aus der Hand. Andere tun sich schwer mit dem Schreiben. Das liegt oft daran, dass man Probleme bei der Textgestaltung hat. Oft fehlt es an sprachlichen Mitteln, die benötigt werden, wenn man logische Ebenen einer Aussage sprachlich genau zu bezeichnen und Gedanken miteinander zu verknüpfen hat.

6 Das Gedicht „Bildlich gesprochen" von Ulla Hahn (S.18) thematisiert die negative Entwicklung und das Scheitern einer menschlichen Beziehung. Äußern Sie sich zu diesem Thema. Stellen Sie eine These (generelle Behauptung) über gescheiterte Beziehungen auf. Nutzen Sie dabei evtl. auch Erfahrungen aus Ihrem sozialen Umfeld. Notieren Sie die These im folgenden Textfeld.

These: *Ich vertrete die Ansicht, dass* ______________________________

____

____

____

Argumentative Begründung: ______________________________

____

____

____

____

____

____

____

____

____

____

____

____

7 Wenn Sie unsicher sind, wie Sie Thesen und Argumente logisch voneinander abgrenzen können, sollten Sie die folgende Gegenüberstellung im Infokasten genau studieren.

Information

Eine **These** soll uns eine Behauptung oder Meinung vermitteln.	*Ich behaupte / meine,* ***dass …***
Ein **Argument** soll eine These begründen und uns veranlassen, ihren Geltungsanspruch anzuerkennen.	*Ich behaupte / meine das,* ***weil …***

8 Formulieren Sie einige Argumente, um Ihre These aus Aufgabe 6 zu untermauern.
Tragen Sie diese ebenfalls in das Textfeld von Aufgabe 6 ein.

Methode

Falls Sie den Eindruck haben, dass Ihnen nicht genügend Redewendungen zur Verfügung stehen, um eine Begründung abwechslungsreich zu gestalten, können Sie die folgende Box nutzen, um Ihr Problem zu lösen.

- Ich bin dieser Meinung, weil ...
- Als Begründung lässt sich anführen, dass ...
- Ich vertrete diese Ansicht, da ...
- Ich stütze mich hier auf die Tatsache, dass ...
- Für diese These sprechen einige Erfahrungen. Zum Beispiel ...
- Diese These lässt sich mit einigen Argumenten untermauern: Erstens ... Zweitens ...
- Diese Behauptung ist auch deswegen plausibel, weil ...
- Ein schlagender Beweis für meine Annahme ist ...

9 Entwickeln Sie nun eine Argumentation (These + einige Argumente) zu einer der folgenden Fragen.
Gestalten Sie den Text sprachlich so variantenreich wie möglich.

Sollten Studiengebühren erhöht / beibehalten / abgeschafft werden?
Sollten Kindergartengebühren erhöht / beibehalten / abgeschafft werden?
Sollten Sek.-II-SchülerInnen wie Auszubildende entlohnt werden?

Den gesamten gedanklichen Zusammenhang prüfen

Checkliste „Texte schreiben“

Aspekt	Hinweise/Erläuterungen	Bemerkungen
Aufgabe	■ Habe ich alle Aufgaben umgesetzt? ■ Beziehen sich die Ausführungen präzise auf die Aufgabenstellung? ■ Gibt es Abschweifungen? ■ Fehlen wichtige Aspekte?	
Schlüssigkeit	■ Passen die Ausführungen inhaltlich zusammen? ■ Gibt es keine Widersprüche oder Gedankensprünge? ■ Habe ich die Denkschritte, die in meinem Kopf waren, auch alle aufs Papier gebracht?	
logische Ebene	■ Habe ich verschiedene logische Ebenen in meinen Überlegungen klar getrennt? (Wenn Sie über komplexe Sachverhalte schreiben, müssen Sie sich gedanklich oft auf verschiedenen Ebenen bewegen. In Ihrem Text dürfen Ihnen diese Ebenen nicht durcheinandergeraten; dann gibt es solche verunglückten Sätze wie „Man ist auch entsetzt über die Massenvernichtung der Juden durch Filme.“ Hier ahnt man, was gemeint sein könnte, aber angemessen formuliert ist es nicht, weil verschiedene logische Ebenen nicht auseinandergehalten wurden.)	
logische Bezüge	■ Sind mir logische Brüche unterlaufen? (Besonders durch nachträgliches Einfügen von Gedanken und Sätzen wird oft der logische Zusammenhang zwischen Aussagen zerstört. Achten Sie besonders auf Konjunktionen und sonstige Verknüpfungswörter (z. B. „aber“), mit denen ein bestimmter logischer Zusammenhang behauptet wird. Dieser Zusammenhang muss auch tatsächlich bestehen. Achten Sie auch darauf, dass Relativpronomen oder sonstige Verweiswörter klar genug auf den vorhergehenden Satz beziehbar sind.)	
Klarheit	■ Ist alles präzise zum Ausdruck gebracht oder könnten beim Leser Missverständnisse aufkommen? (Suchen Sie ggf. nach Ersatzformulierungen, die das, was Sie sagen wollen, klar zum Ausdruck bringen.)	
Fachbegriffe	■ Habe ich die Fachbegriffe, die man von mir in diesem Text erwarten könnte, richtig und in der nötigen Breite verwendet? ■ Habe ich sie zur Fundierung der Analyse genutzt oder eher nur am Rande verwendet?	

10 Wählen Sie eine von Ihnen verfasste Klausur oder Hausaufgabe aus und überprüfen Sie diese mit Hilfe der Checkliste.

11 Verbessern Sie Ihre Texte in einer Schreibkonferenz.

Autoren- und Textquellenverzeichnis

Abels, Heinz/Stenger, Horst (Hrsg.): *Gesellschaft lernen,* S. 69. Aus: Einführung in die Soziologie. Leske Verlag und Budrich GmbH, Leverkusen 1989
Behrens, Katja (*1942): *Die dreizehnte Fee,* S. 71. Fischer Verlag, Frankfurt am Main 1996
Borchert, Wolfgang (1921–1947): *Nachts schlafen die Ratten doch,* S. 35 f. Aus: Das Gesamtwerk. Rowohlt Verlag, Reinbek 1985
Brecht, Bertolt (1898–1956): *Mutter Courage und ihre Kinder,* S. 40 f. Aus: BasisBibliothek Nr. 11. Suhrkamp Verlag, Frankfurt am Main 2007
Fischer, Steven Roger: *Sprache und Gesellschaft,* S. 67. Aus: Eine kleine Geschichte der Sprache. dtv, München 2003
Hahn, Ulla (*1946): *Bildlich gesprochen,* S. 18. Aus: Herz über Kopf. Gedichte. Deutsche Verlags-Anstalt, Stuttgart 2002
Holch, Christine: *Die Kleinen vorneweg,* S. 8 f. Aus: DIE ZEIT vom 4. 3. 1994
Kafka, Franz (1883–1924): *Eine kaiserliche Botschaft,* S. 28. Aus: Erzählungen. Gesammelte Werke. Fischer Verlag, Frankfurt am Main 1996
Kafka, Franz (1883–1924): *Lieber Vater,* S. 33. Aus: Brief an den Vater. Reclam Verlag, Stuttgart 1995
Leon, Donna (*1942): *Venezianisches Finale. Commissario Brunettis erster Fall,* S. 73. Diogenes Verlag, Zürich 1995
Maier, Andreas (*1967): *Kümmelchen im Konjunktiv,* S. 79 f. Aus: DIE ZEIT vom 9. 1. 2003

Bildquellenverzeichnis

S. 18: picture-alliance/dpa, Frankfurt am Main; **S. 28:** © Archiv Klaus Wagenbach, Berlin; **S. 36:** Ullstein Bild/R. Clausen, Berlin; **S. 41:** bpk, Berlin; **S. 54, 57:** Corel Library

Teile einiger Kapitel dieses Heftes wurden erarbeitet von Inga Alkämper, Katharina Eulitz, Heinz Gierlich, Ida Hackenbroch-Krafft, Christoph Hellenbroich, Markus Langner, Norbert Pabelick und Philipp Schmolke.

Redaktion: Dirk Held, Berlin
Illustrationen: Thomas Binder, Magdeburg; Maja Bohn, Berlin; Amelie Glienke, Berlin; Nina Pagalies, Berlin; Renate Rusch, Berlin
Umschlaggestaltung: Rosendahl Grafikdesign, Berlin
Layout und technische Umsetzung: Katrin Tengler, Berlin

www.cornelsen.de

Dieses Werk berücksichtigt die Regeln der reformierten Rechtschreibung und Zeichensetzung.
Bei den mit [R] gekennzeichneten Texten haben die Rechteinhaber einer Anpassung widersprochen.

1. Auflage, 1. Druck 2010

Druck: Himmer AG, Augsburg

ISBN 978-3-464-60782-4

Inhalt gedruckt auf säurefreiem Papier aus nachhaltiger Forstwirtschaft.